김용재 패턴 회계학

원가관리회계

어렵고 분량만 많은 회계학은 이제 그만!

회계사, 세무사 회계학에 가장 많이 나오는 35개 패턴 수록!

회계사 시험 수석 합격을 만들어준 획기적인 풀이법 및 꿀팁 전수!

김 용 재 편저

머리말 P·R·E·F·A·C·E

안녕하세요 수험생 여러분, CPA김수석, 김용재입니다. 이렇게 원가관리회계로 여러분을 만나 뵙게 되어 정말 반갑습니다. 여러분께서 제 강의에 너무 좋은 반응을 해주셔서, 재무회계에 이어 원가관리회계 교재까지 집필하게 되었습니다. 재무회계에 이어 원가관리회계까지 최고의 교재와 최고의 강의로 여러분께 보답하겠습니다.

〈패턴 회계학 원가관리회계편〉

1. 회계사, 세무사 1차 시험에 자주 출제되었던 35개 패턴에 대한 풀이법 및 기출문제 풀이

패턴 회계학 원가관리회계편은 회계사 및 세무사 1차 시험에 가장 많이 나온 35개의 패턴을 다룹니다. 1차 시험 원가관리회계 문제의 80% 이상이 패턴 회계학에서 출제되는 것을 목표로 패턴을 선정하였습니다. 패턴 회계학만 잘 소화하시더라도 1차 합격에 무리가 없을 거라 자신합니다.

2. 수석 합격자가 직접 개발한 획기적인 풀이법 수록

저 김수석이 직접 개발한 효율적 풀이법을 여러분께 전수할 것입니다. 교재를 보시면 아시겠지만, 기존 풀이법을 그대로 사용하는 주제가 몇 없을 정도로 제가 만든 풀이법과 암기법이 대부분입니다. 제 풀이법의 위력이 이미 회계사 시험 수석 합격으로 증명되었죠. 특히, 원가관리회계는 과목 수석이기도 했습니다. 긴장되는 상황 속에서 시간의 압박을 받으면서도 많은 문제를 빠르고 정확하게 풀 수 있었던 것은 바로 제가 만든 풀이법 덕분이었습니다. 제가 기존의 풀이법으로 공부했다면 수석 합격은 불가능했을 겁니다. 여러분들도 제 풀이법으로 푸신다면 단기간 안에 회계학 고득점, 충분히 달성할 수 있습니다.

3. 패턴 회계학은 기본서가 아닙니다.

패턴 회계학은 회계학을 처음 배우는 분께서 보시기에는 적합하지 않은 교재입니다. 내용이 많이 압축되어 있기 때문에 기본강의를 듣고 나서 수강하실 것을 추천드립니다. 기본강의를 생략하고 바로 공부를 하시는 분들도 있지만, 가능하면 기본강의를 수강하신 뒤에 수강하셔야 더 잘 이해할 수 있을 것입니다.

4. 패턴 회계학은 객관식 교재도 아닙니다.

패턴 회계학은 중요 빈출 주제를 잘 요약하고 있지만, 객관식 교재가 아닙니다. 패턴별로 2문제씩밖에 수록하고 있지 않기 때문에, 충분한 훈련을 하기엔 문제가 부족합니다. 패턴 회계학을 마스터한 뒤, 시중의 객관식 원가관리회계 교재를 꼭 풀어보셔야 합니다. 23년에는 객관식 원가관리회계를 출간할 계획이 없습니다.

5. 여러분은 '회계학'을 배우는 것이 아닙니다.

여러분은 회계학이 아닌 '시험 문제 풀이 방법'을 배우는 수험생입니다. 수단과 방법을 가리지 말고 어떻게든 한 문제라도 더 맞히면 됩니다. 따라서 본 교재는 오로지 '시험 문제 풀이'에 초점을 맞추고 있습니다. 이론적 배경은 중요하지 않습니다. 그렇다 보니 결론만 있고, 설명이 없어서 이해가 가지 않는 부분도 있을 것입니다. 설명이 없는 것은 문제 풀이에 도움이 되지 않기 때문에 달아놓지 않은 것입니다. '왜' 그렇게 푸는지는 중요하지 않습니다. 여러분은 '어떻게' 푸는 것인지에만 집중하세요.

목차 C·O·N·T·E·N·T·S

1 제조원가의 분류

	재료원가	노무원가	제조경비
직접원가	직접재료원가(DM)	직접노무원가(DL)	
간접원가	제조간접원가(OH)		

OH: 간접재료원가+간접노무원가+제조경비

제조원가			비제조원가
직접재료원가(DM)	직접노무원가(DL)	제조간접원가(OH)	생산과 무관한 비용 : 본사, 영업 등
기본원가, 기초원가			
	가공원가, 전환원가		

 제조간접원가 vs 비제조원가

공장, 생산 관련 비용: **제조간접원가**

본사 건물, 영업과 관련하여 발생한 비용: **비제조원가**(판관비)

2 제조원가의 흐름

1. 제조원가의 흐름 도식화 풀이법 ★중요!

	가산		차감		
원재료	기초 매입액	XXX XXX	기말	XXX	┘ DM
가공원가	DL OH	XXX XXX			┘ 당기총제조원가
재공품	기초	XXX	기말	XXX	┘ 당기제품제조원가
제품	기초	XXX	기말	XXX	┘ 매출원가

(1) DM=기초 원재료+매입액-기말 원재료

(2) 당기총제조원가=DM+DL+OH

(3) 당기제품제조원가=당기총제조원가+기초 재공품-기말 재공품

(4) 매출원가: 당기제품제조원가+기초 제품-기말 제품

2. 비율 계산법 ★중요!

문제에서 두 금액의 비율을 제시하는 경우가 있다. 예를 들어, 'A는 B의 60%이다.'라고 제시하는 경우에는 B를 1로 보자. 자동으로 A는 0.6이 된다. 둘 중 한 금액을 먼저 구하면 나머지 하나는 비율을 이용해 구할 수 있다.

3. 임금 지급액을 노무원가로 변환하기: 현금흐름표 공식 이용

CF	=	NI	−	△자산	+	△부채
(임금 지급액)		(노무원가)		선급임금		미지급임금

문제에서 노무원가 대신 임금 지급액을 제시하는 경우가 있다. 임금 지급액은 현금기준으로 계산하지만, 노무원가는 발생기준으로 계산한다. 따라서 현금흐름표 공식을 이용해 임금 지급액을 노무원가로 변환해주어야 한다. 임금 지급액과 노무원가는 음수로 적는 것을 주의하자.

예제

1. (주)세무의 기초 및 기말 재고자산은 다음과 같다.

	기초잔액	기말잔액
원재료	₩27,000	₩9,000
재공품	30,000	15,000
제 품	35,000	28,000

원재료의 제조공정 투입금액은 모두 직접재료원가이며 당기 중 매입한 원재료는 ₩83,000이다. 기초원가(prime cost)는 ₩306,000이고, 전환원가(conversion cost)의 50%가 제조간접원가이다. (주)세무의 당기제품제조원가와 당기 매출원가는? 2019. CTA

	당기제품제조원가	매출원가
①	₩408,500	₩511,000
②	₩511,000	₩511,000
③	₩511,000	₩526,000
④	₩526,000	₩526,000
⑤	₩526,000	₩533,000

해설

01.

	가산		차감		
원재료	기초	27,000	기말	9,000	
	매입액	83,000			⌐ DM 101,000
가공원가	DL	205,000			
	OH	205,000			⌐ 당기총제조원가
재공품	기초	30,000	기말	15,000	⌐ 당기제품제조원가 **526,000**
제품	기초	35,000	기말	28,000	⌐ 매출원가 **533,000**

DM: 27,000+83,000-9,000=101,000

DL: 기초원가-DM=306,000-101,000=205,000

OH: DL/0.5*0.5=205,000

전환원가 (1)	
DL (0.5) 205,000	OH (0.5) 205,000

답 ⑤

2. (주)국세의 4월 매출액은 ₩20,000이며, 매출총이익률은 30%이다. (주)국세의 공장에서 4월에 발생한 원가관련 자료는 다음과 같다.

- 재고자산 현황

일자	직접재료	재공품	제품
4월 1일	₩1,000	?	₩3,000
4월 30일	₩2,000	₩3,000	₩4,000

- 4월에 매입한 직접재료금액은 ₩4,500이다.
- 4월 1일 미지급임금은 ₩2,000이며, 4월 30일 미지급임금은 ₩4,000이다.
- 4월에 지급한 임금은 ₩6,000이다.
- (주)국세의 공장에서 발생한 임금의 50%는 생산직 종업원의 임금이다.
- 4월에 발생한 제조간접원가 중 임금을 제외한 나머지 부분은 ₩1,500이다.

(주)국세의 4월 1일 재공품 금액은 얼마인가?   2011. CTA

① ₩2,500   ② ₩3,000   ③ ₩3,500   ④ ₩4,000   ⑤ ₩5,000

🔾 **해설**

02.

		가산		차감	
원재료	기초 매입액	1,000 4,500	기말	2,000	⌐ DM
가공원가	DL OH	4,000 5,500			⌐ 당기총제조원가
재공품	기초	**5,000**	기말	3,000	⌐ 당기제품제조원가
제품	기초	3,000	기말	4,000	⌐ 매출원가 14,000

(1) 노무원가: 8,000

	현금흐름	=	손익	−	△자산	+	△부채
노무원가	(6,000)		(8,000)				2,000 미지급임금

① DL(생산직 종업원 임금): 8,000*50%=4,000

② OH: 4,000(간접노무원가)+1,500=5,500

 - '제조간접원가 중 임금을 제외한 나머지 부분'이 있다는 것은, 제조간접원가에 임금이 있다는 것을 의미한다. 따라서 생산직 종업원 임금을 제외한 임금은 간접노무원가로 보아 제조간접원가에 포함시킨다.

(2) 매출원가: 20,000*0.7=14,000

매출 (1) 20,000	
매출총이익 (0.3)	매출원가 (0.7) 14,000

(3) 기초 재공품: 14,000−18,000(가산 합계)+9,000(차감 합계)=**5,000**

🔳 ⑤

보조부문원가의 배분

1 보조부문원가의 배분 방법

변동원가 & 고정원가 배분 방법		보조부문 간 용역수수 관계 인식 정도	
단일배부율법	한꺼번에 배분	직접배부법	전혀 인식X
이중배부율법	나눠서 배분	**단계배부법**	부분적으로 인식
		상호배부법	완전히 인식

2 단계배부법

: 보조부문 간의 용역 제공을 '부분적으로' 인식하는 방법

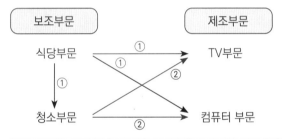

Step 1. 보조부문원가 배부순서를 확인하고, 1순위 보조부문원가를 배부하기
Step 2. Step 1에서 배부받은 보조부문원가를 포함하여, 2순위 보조부문원가를 배부하기

	식당부문	청소부문	TV부문	컴퓨터부문
배부 전	XXX	XXX		
①식당부문	①(XXX)	①XXX	①XXX	①XXX
배부 후	–	XXX		
②청소부문		②(XXX)	②XXX	②XXX
배부 후		–	XXX	XXX

주의 🌐 자료 제시 순서와 배부 순서가 다를 수 있음! 심화

자료는 S1-S2 순서로 제시하지만, S2의 원가를 먼저 배부할 수 있음
→표에 S2를 왼쪽에 그려야 함

3 상호배부법

: 보조부문 간의 용역 제공을 '완전히' 인식하는 방법

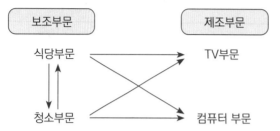

STEP 1 부문별 용역수수 비율 표시하기

	식당부문	청소부문	제조부문A	제조부문B
배부 전	k	l		
식당부문		0.5	0.2	0.3
청소부문	0.4		0.3	0.3
배부 후	–	–		

STEP 2 연립방정식 풀기

	식당부문	청소부문	제조부문A	제조부문B
배부 전	k	l		
식당부문		0.5	0.2	0.3
	(x)	0.5x		
청소부문	0.4		0.3	0.3
	0.4y	(y)		
배부 후	–	–		

'x=식당부문 원가 배부액, y=청소부문 원가 배부액'이라고 할 때

$$k - x + 0.4y = 0$$
$$l + 0.5x - y = 0$$

$$x - 0.4y = k$$
$$-0.5x + y = l$$

계산기 사용법 연립방정식 푸는 법

$ax - by = k$

$-cx + dy = l$

$\rightarrow x = \dfrac{dk + bl}{ad - bc}$

상호배부법은 위와 같은 형태로 변수가 x, y인 연립방정식을 세울 수 있다. 위 연립방정식에서 x는 분수의 형태가 되는데, 계산기를 다음 순서대로 누르면 x를 구할 수 있다.

a×dM+ b×cM- d×k= b×l= GT÷MR=

실제 문제에서 어떻게 적용되는지, 계산기를 어떻게 누르는지 궁금한 학생은 아래 QR코드를 찍고 유튜브 영상을 참고하자.

상호배부법 영상

STEP 3 제조부문에 배분될 보조부문원가

	식당부문	청소부문	제조부문A	제조부문B
배부 전	k	l		
식당부문		0.5	0.2	0.3
	(x)	0.5x	0.2x	0.3x
청소부문	0.4		0.3	0.3
	0.4y	(y)	0.3y	0.3y
배부 후	–	–	0.2x+0.3y	0.3x+0.3y

x와 y를 구했으므로 각 제조부문의 용역수수 비율을 곱하여 제조부문에 배분될 보조부문원가를 계산하면 된다.

추의 자기부문 소비용역이 있는 경우: 무시하고 배분할 것

보조부문이 생산한 용역을 그 보조부문 스스로 사용하는 것을 자기부문 소비용역이라고 한다. **자기부문 소비용역이 있더라도 그를 무시하고 보조부문원가를 배분하자.** 어차피 자기부문 소비용역을 고려하여 배분하는 것과 같은 결과가 나오는데, 무시하고 배분하는 것이 훨씬 쉽다.

예제

1. (주)세무는 제조부문(P1, P2)과 보조부문(S1, S2)을 이용하여 제품을 생산하고 있으며, 단계배부법을 사용하여 보조부문원가를 제조부문에 배부한다. 각 부문 간의 용역수수관계와 부문원가가 다음과 같을 때 P2에 배부될 보조부문원가는? (단, 보조부문원가는 S2, S1의 순으로 배부한다.) 2013. CTA

	제조부문		보조부문		합계
	P1	P2	S1	S2	
부문원가	–	–	₩100,000	₩120,000	
S1	24시간	40시간	20시간	16시간	100시간
S2	400kWh	200kWh	200kWh	200kWh	1,000kWh

① ₩92,500   ② ₩95,000   ③ ₩111,250
④ ₩120,500   ⑤ ₩122,250

2. (주)대한은 두 개의 보조부문 A와 B, 그리고 두 개의 생산부문 C와 D를 이용하여 제품을 생산하고 있다. 20X3년 2월의 각 부문에 대한 자료는 다음과 같다.

제공 부문	보조부문		생산부문		합계
	A	B	C	D	
A	200시간	800시간	800시간	400시간	2,200시간
B	4,000kW	1,000kW	2,000kW	2,000kW	9,000kW

- 제조간접원가는 A부문에서 시간당 ₩100, B부문에서 kW당 ₩20의 변동원가가 발생하며, C부문과 D부문에서 각각 ₩161,250과 ₩40,000이 발생하였다.
- 보조부문의 원가는 상호배분법을 사용하여 생산부문에 배분한다.
- C부문에서 생산하는 갑제품에 대한 단위당 기초원가(prime costs)는 ₩10,000이며, 생산단위는 50단위이다.
- 갑제품에 대한 월초 및 월말재공품은 없다.

갑제품의 단위당 원가는 얼마인가? 2023. CPA

① ₩4,775   ② ₩14,775   ③ ₩18,000
④ ₩22,775   ⑤ ₩24,000

01.

	S2	S1	P1	P2
배부 전	120,000	100,000		
S2	(120,000)	30,000	60,000	30,000
배부 후	–	130,000		
S1		(130,000)	48,750	81,250
배부 후		–	108,750	**111,250**

배부순서가 S2 먼저이므로 S2를 표 왼쪽에 적어야 한다.

(1) S2 배부
   S1: 120,000×200/800=30,000
   P1: 120,000×400/800=60,000
   P2: 120,000×200/800=30,000
   - S2가 자가소비한 200kWh는 제외하고 배부해야 한다.

(2) S1 배부
   P1: 130,000×24/64=48,750
   P2: 130,000×40/64=81,250

(3) P2에 배부될 보조부문원가: 30,000+81,250=**111,250**

답 ③

⏱ 해설

02.

	A	B	C	D
배부 전	220,000	180,000	161,250	40,000
		0.4	0.4	0.2
A	(387,500)	155,000	155,000	77,500
	0.5		0.25	0.25
B	167,500	(335,000)	83,750	83,750
배부 후	–	–	**400,000**	201,250

(1) 보조부문의 제조간접원가
  A: 2,200시간×100=220,000
  B: 9,000kW×20=180,000

(2) 연립방정식 풀이
  220,000−A+0.5B=0
  180,000+0.4A−B=0
  → A=387,500, B=335,000

계산기 사용법
A−0.5B=220,000
−0.4A+B=180,000

1×1 M+ 0.5×0.4 M− 1×220,000= 180,000×0.5= GT÷MR=
계산기를 위 순서대로 누르면 387,500이 나올텐데, 이것이 A이다.

(4) C부문에서 배분할 총 제조간접원가=400,000

(5) 갑의 단위당 원가: 10,000(기초원가)+400,000/50단위=**18,000**

답 ③

변동원가계산 및 초변동원가계산

▶▶ 김용재 패턴 회계학 원가관리회계편 ◎ 📄 💡

1   원가계산방법에 따른 제품원가의 범위

		전부원가계산	변동원가계산	초변동원가계산
DM		제품원가	제품원가	제품원가
변동 가공원가	DL	제품원가	제품원가	기간원가
변동 가공원가	변동OH	제품원가	제품원가	기간원가
고정OH		제품원가	기간원가	기간원가
변동, 고정 판관비		기간원가	기간원가	기간원가

1. 제품원가: 발생 시 제품 → 발생액 중 팔린 만큼 비용

2. 기간원가: 발생 시 비용 → 발생액 전부 비용

ex〉 변동원가계산: DM-'발생액×판매량/생산량'만큼 비용, 고정OH-발생액 전부 비용

2 원가계산방법별 손익계산서

전부원가계산		변동원가계산		초변동원가계산	
매출액	XXX	매출액	XXX	매출액	XXX
매출원가	(XXX)	변동원가	(XXX)	직접재료원가	(XXX)
매출총이익	XXX	공헌이익	XXX	재료처리량 공헌이익	XXX
판관비	(XXX)	고정원가	(XXX)	운영비용	(XXX)
영업이익	XXX	영업이익	XXX	영업이익	XXX

1. 전부원가계산

(1) 매출원가=판매량×(단위당 DM+단위당 DL+단위당 변동OH+단위당 고정OH)

   - 단위당 고정OH=고정OH/생산량

(2) 판관비: 변동판관비, 고정판관비

2. 변동원가계산

(1) 공헌이익: 판매량×(단위당 판매가격-단위당 변동원가)

   - 변동원가: DM, DL, 변동OH, 변동판관비

(2) 고정원가: 고정OH, 고정판관비

(3) 기말 제품원가: 기말 재고량×단위당 변동제조원가 (변동판관비 제외)

3. 초변동원가계산

(1) 재료처리량 공헌이익: 판매량×(단위당 판매가격-단위당 DM)

(2) 운영비용: DL, 변동OH, 고정OH, 변동판관비, 고정판관비

예제

1. (주)세무의 기초 제품수량은 없고 당기 제품 생산수량은 500단위, 기말 제품수량은 100단위이다. 제품 단위당 판매가격은 ₩1,300이며, 당기에 발생한 원가는 다음과 같다. 변동원가계산에 의한 당기 영업이익은? (단, 기초 및 기말 재공품은 없다.) 2019. CTA

직접재료원가	₩250,000	변동판매관리비	40,000
직접노무원가	80,000	고정제조간접원가	40,000
변동제조간접원가	160,000	고정판매관리비	15,000

① ₩13,000　　② ₩23,000　　③ ₩33,000　　④ ₩43,000　　⑤ ₩53,000

해설

01.

(1) 단위당 변동제조원가: 490,000/500=980

직접재료원가	250,000
직접노무원가	80,000
변동제조간접원가	160,000
총 변동제조원가	490,000

- 제조원가는 500단위를 생산하는데 발생한 원가이므로 500단위로 나눠야 단위당 제조원가가 계산된다.

(2) 영업이익: 33,000

매출액	1,300×400단위=	520,000
(변동)매출원가	980×400단위=	(392,000)
변동판매관리비		(40,000)
공헌이익		88,000
고정원가	40,000+15,000=	(55,000)
영업이익		**33,000**

- 판매량: 기초 제품수량+생산량−기말 제품수량=0+500−100=400단위
- 판매관리비는 판매량에 비례하여 발생한다. 400단위를 판매하는데 변동판매관리비 40,000이 발생한 것이므로 40,000을 전부 비용화한다.

답 ③

2. 당기에 설립된 (주)국세는 1,300단위를 생산하여 그 중 일부를 판매하였으며, 관련 자료는 다음과 같다. 초변동원가계산(throughput costing)에 의한 당기 영업이익은? 2015. CTA

직접재료 매입액 : ₩500,000	
직접노무원가 : 기본원가(prime cost)의 30%	
제조간접원가 : 전환원가(가공원가)의 40%	
매출액 : ₩900,000	
판매관리비 : ₩200,000	
직접재료 기말재고액 : ₩45,000	
재공품 기말재고액 : 없음	
제품 기말재고액 중 직접재료원가 : ₩100,000	

① ₩20,000 ② ₩40,000 ③ ₩80,000 ④ ₩150,000 ⑤ ₩220,000

해설

02.

매출액	900,000
직접재료원가(=매출원가)	(355,000)
재료처리량 공헌이익	545,000
직접노무원가	(195,000)
제조간접원가	(130,000)
판매관리비	(200,000)
영업이익	**20,000**

(1) 직접재료원가(=매출원가): 355,000

	가산		차감		
원재료	기초 매입액	500,000	기말	45,000	⌐ DM 455,000
재공품	기초		기말		⌐ 당기제품제조원가
제품	기초		기말	100,000	⌐ 매출원가 355,000

초변동원가계산에 따르면 제품원가에 DM만 포함되므로 가공원가를 표시하지 않았다. DM이 455,000 발생하였지만, 그 중 100,000은 기말 제품으로 남아있으므로 비용화되는 DM은 355,000이다.

(2) 직접노무원가: 195,000, 제조간접원가: 130,000

기본원가 (1)		전환원가 (1)	
DM (0.7) 455,000	DL (0.3) 195,000	DL (0.6) 195,000	OH (0.4) 130,000

目①

 김용재 패턴 회계학 원가관리회계편

4 원가계산 방법별 이익 차이 조정

1 생산량 증가에 따른 원가계산방법별 이익 변화

기존에 판매량이 생산량과 일치하여 제조원가가 전부 비용화되는 상황에서 생산량이 증가하는 경우 비용의 증감은 다음과 같이 도식화할 수 있다. 아래 그림에서 회색으로 표시한 부분은 총 발생액(≒현금 지출액)을 의미한다. 어느 계산방법을 쓰더라도 총 발생액은 같다. 하지만 계산방법별로 인식하는 자산과 비용은 다르다.

	생산량 증가 전			생산량 증가 후			비용 (이익)
	DM	DL & 변동OH	고정OH	DM	DL & 변동OH	고정OH	
전부 원가 계산				자산			감소 (증가)
	비용			비용		자산	
변동 원가 계산				자산			불변
	비용			비용			
초변동 원가 계산				자산			증가 (감소)
	비용				비용		

1. 전부원가계산: 생산량 증가 시 이익 증가

(1) DM, DL, 변동OH

전부원가계산은 변동제조원가를 전부 제품원가에 포함시키므로 변동제조원가가 증가하였을 때 전부 자산화된다. 따라서 변동제조원가가 증가하더라도 이익에 미치는 영향은 없다.

(2) 고정OH

고정제조간접원가는 고정원가이므로 생산량이 증가하더라도 발생액은 불변이다. 따라서 생산량 증가 시 단위당 고정제조간접원가 감소한다. 생산량만 증가한 것이지, 판매량은 불변이므로 비용이 감소하여 이익은 증가한다.

2. 변동원가계산: 생산량 증가 시 이익 불변

(1) DM, DL, 변동OH

변동원가계산도 전부원가계산과 마찬가지로 변동제조원가를 전부 제품원가에 포함시키므로 변동
제조원가가 증가하더라도 이익에 미치는 영향은 없다.

(2) 고정OH

변동원가계산은 고정제조간접원가 발생액 전부를 비용화한다. 생산량이 증가하더라도 비용화되
는 고정제조간접원가는 불변이므로 이익에 미치는 영향은 없다.

3. 초변동원가계산: 생산량 증가 시 이익 감소

(1) DM

초변동원가계산은 DM을 제품원가에 포함시키므로 DM이 증가하더라도 자산화되며 이익에 미치
는 영향은 없다.

(2) DL, 변동OH

초변동원가계산은 변동원가계산과 달리 DL, 변동OH을 비용화한다. 따라서 생산량 증가 시 증가
한 DL, 변동OH만큼 비용이 증가하며, 이익은 감소한다.

(3) 고정OH

생산량이 증가하더라도 비용화되는 고정제조간접원가는 불변이므로 이익에 미치는 영향은 없다.

2 원가계산 방법별 이익 차이 조정 ★중요!

<table>
<tr><td colspan="3" style="text-align:center">초변동원가계산에 의한 영업이익</td></tr>
<tr><td>+기말</td><td rowspan="2" style="text-align:center">제품에 포함된
변동가공원가</td><td></td></tr>
<tr><td>−기초</td><td></td></tr>
<tr><td colspan="3" style="text-align:center">=변동원가계산에 의한 영업이익</td></tr>
<tr><td>+기말</td><td rowspan="2" style="text-align:center">제품에 포함된 고정OH</td><td></td></tr>
<tr><td>−기초</td><td></td></tr>
<tr><td colspan="3" style="text-align:center">=전부원가계산에 의한 영업이익</td></tr>
</table>

1. 기초, 기말 제품에 포함된 변동가공원가=(단위당 DL+단위당 변동OH)×제품 수량

2. 기초, 기말 제품에 포함된 고정OH=단위당 고정OH×제품 수량

  (1) 단위당 고정OH=고정OH/생산량
    - 연도별 생산량이 다른 경우 단위당 고정OH도 연도별로 다름

3. '신설법인인 (주)한국은~', '당기에 영업을 개시한 (주)한국은~'

  : 기초 재고자산은 없음
  →기말 재고=생산량−판매량 →무조건 전부원가〉변동원가〉초변동원가

예제

1. (주)세무는 20X1년 초에 영업을 개시하였다. 20X2년도 기초제품 수량은 100단위, 생산량은 2,000단위, 판매량은 1,800단위이다. 20X2년의 제품 판매가격 및 원가자료는 다음과 같다.

항목		금액
제품 단위당	판매가격	₩250
	직접재료원가	30
	직접노무원가	50
	변동제조간접원가	60
	변동판매관리비	15
고정제조간접원가(총액)		₩50,000
고정판매관리비(총액)		10,000

20X2년도 변동원가계산에 의한 영업이익과 초변동원가계산(throughput costing)에 의한 영업이익의 차이금액은? (단, 20X1년과 20X2년의 제품 단위당 판매가격과 원가구조는 동일하고, 기초 및 기말 재공품은 없다.)

2018. CTA

① ₩10,000 ② ₩11,000 ③ ₩20,000
④ ₩22,000 ⑤ ₩33,000

해설

01.

초변동원가계산			
+기말	변동	300단위×110=	33,000
−기초	가공원가	100단위×110=	(11,000)
=변동원가계산			**22,000**

X2년 기말제품 수량: 100+2,000−1,800=300단위
단위당 변동가공원가: 50+60=110

답 ④

2. (주)대한은 20X1년 초에 설립되었으며 단일제품을 생산한다. 20X1년과 20X2년에 전부원가계산에 의한 영업활동 결과는 다음과 같다.

항목	20X1년	20X2년
생산량	100단위	120단위
판매량	80단위	110단위
매출액	₩24,000	₩33,000
매출원가	17,600	22,400
매출총이익	₩6,400	₩10,600
판매관리비	5,600	6,200
영업이익	₩800	₩4,400

(주)대한은 재공품 재고를 보유하지 않으며, 원가흐름 가정은 선입선출법이다. 20X2년도 변동원가계산에 의한 영업이익은 얼마인가? 단, 두 기간의 단위당 판매가격, 단위당 변동제조원가, 고정제조간접원가, 단위당 변동판매관리비, 고정판매관리비는 동일하다. 2019. CPA (심화)

① ₩3,200　　② ₩3,400　　③ ₩3,600　　④ ₩3,800　　⑤ ₩4,200

해설

02.

(1) 단위당 제조원가
　X1년: 17,600/80단위=220
　X2년: (22,400-220X20단위)/(110단위-20단위)=200
　– 선입선출법을 가정하였으므로 X2년에 팔린 110단위 중 20단위는 X1년에 생산된 제품이다. 따라서 X2년 매출원가 중 X1년 생산된 제품원가를 제외하고 단위당 제조원가를 계산하였다.

(2) 고정제조간접원가: 12,000
　두 기간의 단위당 변동제조원가가 동일한데도 단위당 제조원가가 차이가 나는 것은 생산량이 달라서 단위당 고정제조간접원가가 다르기 때문이다. 고정제조간접원가를 x라고 가정하면 다음과 같은 식이 성립한다.
　x/100단위-x/120단위=220-200=20
　→ x=12,000

(3) 단위당 고정제조간접원가
　X1년: 12,000/100단위=120
　X2년: 12,000/120단위=100

(4) 변동원가계산에 의한 영업이익: 3,800

변동원가계산		**3,800**
+기말	30단위×100=	3,000
–기초 고정OH	20단위×120=	(2,400)
=전부원가계산		4,400

x2년 기말 제품수량: 100-80+120-110=30단위

답 ④

1 생산량, 판매량 증가에 따른 원가계산방법별 이익 변화

	전부원가계산	변동원가계산	초변동원가계산
생산량 증가 시	↑	−	↓
판매량 증가 시	↑	↑	↑

어느 원가계산방법을 이용하든 판매량이 증가하면 매출액이 증가하므로 이익은 증가한다. 매출액이 증가하면 매출원가도 증가하는데, 단위당 제조원가가 단위당 판매가격보다 크지는 않으므로 결과적으로 이익은 증가한다.

2 전부원가계산과 변동원가계산의 의의와 한계

	전부원가계산	변동원가계산
의의	회계기준에서 인정 O (=재무보고 목적상 이용)	생산량 증가를 통한 이익 조작 불가 →의사결정 및 성과평가에 이용
한계	생산량 증가를 통한 이익 조작 가능 →재고 과잉 유인 존재	회계기준에서 인정 X

예제

1. 전부원가계산, 변동원가계산 및 초변동원가계산에 관한 설명으로 <u>옳지 않은</u> 것은? 2012. CTA

① 초변동원가계산에서는 직접노무원가와 변동제조간접원가를 기간비용으로 처리한다.

② 초변동원가계산에서는 매출액에서 직접재료원가를 차감하여 재료처리량 공헌이익 (throughput contribution)을 산출한다.

③ 변동원가계산은 변동제조원가만을 재고가능원가로 간주한다. 따라서 직접재료원가, 변동가공원가를 제품원가에 포함시킨다.

④ 전부원가계산의 영업이익은 일반적으로 생산량과 판매량에 의해 영향을 받는다.

⑤ 변동원가계산에서는 원가를 기능에 따라 구분하여 변동원가와 고정원가로 분류한다.

2. 전부원가계산, 변동원가계산, 초변동원가계산과 관련한 다음 설명 중 가장 옳은 것은? 단, 직접재료원가, 직접노무원가, 제조간접원가는 ₩0보다 크다고 가정한다. 2020. CPA

① 변동원가계산은 초변동원가계산에 비해 경영자의 생산과잉을 더 잘 방지한다.

② 변동원가계산은 전환원가(가공원가)를 모두 기간비용으로 처리한다.

③ 기초재고가 없다면, 당기 판매량보다 당기 생산량이 더 많을 때 전부원가계산상의 당기 영업이익보다 초변동원가계산상의 당기 영업이익이 더 작다.

④ 변동원가계산상의 공헌이익은 주로 외부이용자를 위한 재무제표에 이용된다.

⑤ 제품의 재고물량이 늘어나면 변동원가계산의 공헌이익계산서상 영업이익은 전부원가계산의 손익계산서상 영업이익보다 항상 낮거나 같다.

해설

01.
변동원가계산에서는 원가를 **행태**에 따라 구분하여 변동원가와 고정원가로 분류한다. 원가를 기능(매출원가/판관비)에 따라 구분하는 것은 전부원가계산이다.

답 ⑤

02.
① 초변동원가계산은 생산량 증가 시 이익이 감소하므로, 경영자의 생산과잉을 더 잘 방지하는 것은 초변동원가계산이다. (X)

② 변동원가계산은 전환원가(가공원가)를 제품원가로 처리한다. (X)

③ 기초재고는 없는데, 기말재고는 있는 상황이다. 따라서 전부원가계산상의 당기 영업이익보다 초변동원가계산상의 당기 영업이익이 더 작다. (O)

④ 외부이용자를 위한 재무제표에 이용되는 것은 전부원가계산이다. (X)

⑤ 제품의 재고물량이 늘어나더라도 단위당 고정제조간접원가가 작아지면 변동원가계산의 영업이익이 전부원가계산의 영업이익보다 클 수 있다. (X)

답 ③

1 CVP분석 기본 공식

공헌이익=매출액−변동원가=(단위당 판매가격−단위당 변동원가)×판매량
단위당 공헌이익=공헌이익/판매량=단위당 판매가격−단위당 변동원가
공헌이익률: 공헌이익/매출액=단위당 공헌이익/단위당 판매가격
변동비율: 변동원가/매출액=단위당 변동원가/단위당 판매가격
공헌이익률+변동비율=1

2 손익분기점과 목표이익 달성을 위한 판매량, 매출액 ★중요!

	판매량	매출액
손익분기점	고정원가÷단위당 공헌이익	고정원가÷공헌이익률
목표이익	(고정원가+목표이익)÷단위당 공헌이익	(고정원가+목표이익)÷공헌이익률

3 안전한계와 영업레버리지도

안전한계 (매출액): 현재 매출액−손익분기점 매출액
안전한계 판매량: 현재 판매량−손익분기점 판매량
안전한계율: 안전한계 판매량÷현재 판매량=안전한계 (매출액)÷현재 매출액
영업레버리지도=영업이익 증가율/매출액 증가율=**공헌이익/영업이익=1/안전한계율**

 영업레버리지도 공식 암기법: 변동원가계산 손익계산서 중간에 선을 긋자!

매출액	50,000	
변동원가	(30,000)	
공헌이익	20,000	┐
고정원가	(10,000)	DOL=2
영업이익	10,000	┘

예제

1. (주)세무는 20X1년에 제품A를 생산하기로 결정하였다. 제품A의 20X1년 생산량과 판매량은 일치하며, 기초 및 기말재공품은 없다. 제품A는 노동집약적 방법 또는 자본집약적 방법으로 생산 가능하며, 생산방법에 따라 품질과 판매가격의 차이는 없다. 각 생산방법에 의한 예상제조원가는 다음과 같다.

	노동집약적 생산방법	자본집약적 생산방법
단위당 변동제조원가	₩300	₩250
연간 고정제조간접원가	₩2,100,000	₩3,100,000

(주)세무는 제품A 판매가격을 단위당 ₩600으로 책정하고, 제조원가 외에 단위당 변동판매관리비 ₩50과 연간 고정판매관리비 ₩1,400,000이 발생될 것으로 예상하였다. (주)세무가 20X1년에 노동집약적 생산방법을 택할 경우 손익분기점 판매량(A)과 두 생산방법 간에 영업이익의 차이가 발생하지 않는 판매량(B)은 각각 얼마인가?　　　　　2016. CTA

	(A)	(B)
①	8,400단위	20,000단위
②	10,000단위	15,000단위
③	10,000단위	20,000단위
④	14,000단위	15,000단위
⑤	14,000단위	20,000단위

해설

01.

A: 고정원가/단위당 공헌이익=3,500,000/250=**14,000단위**

(1) 고정원가: 2,100,000+1,400,000=3,500,000

(2) 단위당 공헌이익: 600-300-50=250

B: **20,000단위**

노동집약적 생산 시 영업이익: (600-300-50)×판매량-3,500,000=250×판매량-3,500,000

자본집약적 생산 시 영업이익: (600-250-50)×판매량-4,500,000=300×판매량-4,500,000

→ 두 식을 같게 만드는 판매량은 20,000단위이다.

답 ⑤

2. (주)세무는 단일제품을 생산·판매하고 있다. 제품 단위당 판매가격은 ₩7,500으로 매년 일정하게 유지되고, 모든 제품은 생산된 연도에 전량 판매된다. 최근 2년간 생산량과 총제조원가에 관한 자료는 다음과 같다. 20X2년 1월 1일에 인력조정 및 설비투자가 있었고, 이로 인해 원가구조가 달라진 것으로 조사되었다.

기간		생산량	총제조원가
20X1년	상반기	200단위	₩1,200,000
	하반기	300	1,650,000
20X2년	상반기	350	1,725,000
	하반기	400	1,900,000

다음 중 옳은 것은? (단, 20X2년 초의 인력조정 및 설비투자 이외에 원가행태를 변화시키는 요인은 없으며, 고저점법으로 원가함수를 추정한다.)   2022. CTA

① 20X2년의 영업레버리지도는 2.5이다.

② 20X2년의 안전한계율은 약 33%이다.

③ 20X1년에 비해 20X2년의 영업레버리지도는 증가하였다.

④ 20X1년에 비해 20X2년에 연간 총고정제조원가는 ₩200,000 증가하였다.

⑤ 20X1년에 비해 20X2년의 연간 손익분기점 판매량은 50단위 증가하였다.

02.

1. 원가함수 추정

	X1년	X2년
단위당 변동원가	(1,650,000-1,200,000)/(300-200)=4,500	(1,900,000-1,725,000)/(400-350)=3,500
고정원가	1,200,000-4,500×200단위=300,000	1,725,000-3,500×350단위=500,000

– X2년에 원가구조가 달라졌으므로 원가함수를 재추정해야 한다.

2. 연도별 총고정제조원가

X1년: 300,000×2=600,000

X2년: 500,000×2=1,000,000

총고정제조원가 증감액: 1,000,000-600,000=400,000 증가(④ X)

– 위에서 추정한 원가함수는 반기별 함수이므로 고정원가도 반기별 고정원가이다. 따라서 연 단위 손익계산서를 작성할 때에는 2배를 해야 한다.

3. 변동원가계산 손익계산서

	X1		X2	
매출액 변동원가	7,500×500단위= 4,500×500단위=	3,750,000 (2,250,000)	7,500×750단위= 3,500×750단위=	5,625,000 (2,625,000)
공헌이익 고정원가		1,500,000 (600,000)		3,000,000 (1,000,000)
영업이익		900,000		2,000,000

4. 영업레버리지도=공헌이익/영업이익

X1년: 1,500,000/900,000=1.67

X2년: 3,000,000/2,000,000=1.5 (① X)

– 영업레버리지도는 감소하였다. (③ X)

5. X2년 안전한계율: 1/영업레버리지도=1/1.5=67% (② X)

6. 손익분기점 판매량=고정원가/단위당 공헌이익

X1년: 600,000/(7,500-4,500)=200단위

X2년: 1,000,000/(7,500-3,500)=250단위

손익분기점 증가: 250-200=**50단위** (⑤ O)

답 ⑤

1. 세후 이익 공식

세후 이익	= 세전 이익×(1−세율)
세후 이익/(1−세율)	= 세전 이익

법인세가 있다면 세후 이익을 세전 이익으로 전환한 뒤, 세전 이익을 목표이익 공식에 대입하면 된다.

2. 법인세가 존재하는 경우 손익분기점: 법인세 무시!

'세후이익=세전이익×(1−세율)'이다. 손익분기점일 때에는 세전이익이 0이므로 법인세비용도 0이다. 따라서 법인세가 있는 문제더라도 '손익분기점'을 물었다면 법인세가 없다고 가정하고 문제를 풀어도 된다.

예제

1. (주)국세는 단일제품을 생산하고 있으며, 주문받은 수량만을 생산하여 해당 연도에 모두 판매한다. (주)국세의 법인세율은 40% 단일세율이며, 관련 자료는 다음과 같다.

구 분	20X1년	20X2년
매 출 액	₩2,000,000	₩2,500,000
제품단위당 변동원가	600	720
총고정원가	400,000	510,000

(주)국세의 20X1년 세후이익은 ₩240,000이며, 20X2년 세후이익은 20X1년보다 10% 증가하였다. (주)국세의 20X2년 공헌이익률은 얼마인가?   2011. CTA

① 36%   ② 38%   ③ 40%   ④ 42%   ⑤ 44%

해설

01.
X2년 세후이익: 240,000×1.1=264,000
X2년 세전이익: 264,000/(1−40%)=440,000
X2년 공헌이익: 440,000+510,000(고정원가)=950,000
X2년 공헌이익률: 950,000/2,500,000=**38%**

답 ②

2. (주)세무의 20X1년 연간 실제 매출액은 ₩100,000이고 연간 실제 고정원가는 ₩30,000 이며, 변동원가율은 60%, 법인세율은 20%이다. 다음 설명 중 옳은 것은?   2013. CTA

① 영업레버리지도는 4이다.

② 당기순이익은 ₩10,000이다.

③ 판매량이 5% 증가하면 영업이익은 ₩1,600 증가한다.

④ 안전한계율(M/S비율)은 33.3%이다.

⑤ 손익분기매출액은 ₩70,000이다.

해설

02.

매출액		100,000
변동원가	100,000×60%=	(60,000)
공헌이익		40,000
고정원가		(30,000)
영업이익		10,000
법인세비용	10,000×20%=	(2,000)
당기순이익		8,000

① 영업레버리지도: 40,000/10,000=4 (O)

② 당기순이익: 8,000 (X)

③ 영업이익 증가액: 영업이익×판매량 증가율×영업레버리지도=10,000×5%×4=2,000 증가 (X)

④ 안전한계율: 1/영업레버리지도=1/4=25% (X)

⑤ 손익분기매출액: 고정원가/공헌이익률=30,000/40%=75,000 (X)

답 ①

1. 각 제품의 매출 비율은 일정하다고 가정

기업이 파는 제품이 여러 개일 때에는 각 제품의 매출 비율이 일정하다고 가정한다. 가령 A제품과 B제품을 2:1의 비율로 묶어서 판매한다면, 항상 그 비율대로 판다고 보는 것이다. 이 조건 하에서 A제품의 판매량은 반드시 B제품의 판매량의 2배가 된다.

2. 복수제품 CVP분석의 두 가지 풀이법

복수제품 CVP분석은 풀이법이 두 가지가 있다. **판매량을 구하는 문제에서는 Set 접근법을, 매출 액을 구하는 문제에서는 가중평균공헌이익률 접근법을 이용할 것을 추천한다.** 판매량과 매출액을 서로 변환하는 것은 어렵지 않기 때문에 아무 접근법이나 쓰고 마지막에 답을 구할 때 변환해도 상 관없다.

Set 접근법	가중평균공헌이익률 접근법
Set당 공헌이익 = Σ 제품별 단위당 공헌이익 ×제품별 Set 내 수량 =총 공헌이익/판매 Set 수	기업 전체의 가중평균공헌이익률 = Σ 제품별 공헌이익률 ×제품별 매출액 비율[1] =총 공헌이익/기업 전체의 매출액
Set 판매량 =(고정원가+목표이익[2]) /Set당 공헌이익	기업 전체의 매출액 =(고정원가+목표이익[2]) /기업 전체의 가중평균공헌이익률
각 제품의 판매량 =Set 판매량×각 제품별 Set내 수량	각 제품의 매출액 =기업 전체의 매출액×제품별 매출액 비율

[1]제품별 매출액 비율=제품별 매출액/기업 전체의 매출액
[2]목표이익이 있다면 목표이익 대입, 손익분기점을 구한다면 목표이익에 0 대입

예제

1. (주)세무는 제품 A와 B를 생산·판매하고 있다. 제품별 판매 및 원가에 관한 자료는 다음과 같다.

구분	제품A	제품B	합계
판매량	?	?	100단위
매출액	₩200,000	₩300,000	₩500,000
변동비	?	?	₩375,000
고정비			₩150,000

제품A의 단위당 판매가격은 ₩4,000이다. 손익분기점에 도달하기 위한 제품B의 판매량은? (단, 매출배합은 일정하다고 가정한다.)   2022. CTA

① 55단위   ② 60단위   ③ 80단위
④ 85단위   ⑤ 90단위

2. (주)대한은 제품 A, 제품 B, 제품 C를 생산 및 판매한다. (주)대한은 변동원가계산제도를 채택하고 있으며, 20X1년도 예산을 다음과 같이 편성하였다.

구분	제품 A	제품 B	제품 C
판매수량	2,500단위	5,000단위	2,500단위
단위당 판매가격	₩100	₩150	₩100
단위당 변동원가	60	75	30

(주)대한은 20X1년도 영업레버리지도(degree of operating leverage)를 5로 예상하고 있다. 세 가지 제품의 매출액 기준 매출구성비율이 일정하다고 가정할 때, (주)대한의 20X1년 예상 손익분기점을 달성하기 위한 제품 C의 매출액은 얼마인가?   2022. CPA

① ₩160,000   ② ₩180,000   ③ ₩200,000
④ ₩220,000   ⑤ ₩250,000

⏱ 해설

01.

(1) 제품별 매출 배합: 1:1

   제품 A의 판매량: 200,000/4,000=50단위

   제품 B의 판매량: 100단위−50단위=50단위

   - 제품별 판매량이 동일하므로 매출 배합은 1:1이다.

(2) Set당 공헌이익: 125,000/50=2,500

(3) 손익분기점 Set 판매량: 150,000/2,500=60Set

(4) 손익분기점을 달성하기 위한 제품 B의 판매량: 60Set×1=**60단위**

📋 ②

02.

(1) 제품별 공헌이익률

   A: 40/100=40%

   B: 75/150=50%

   C: 70/100=70%

(2) 제품별 매출액 (매출액 구성비율)

   A: 2,500×100=250,000 (20%)

   B: 5,000×150=750,000 (60%)

   C: 2,500×100=250,000 (20%)

(3) 기업 전체의 공헌이익률: 40%×20%+50%×60%+70%×20%=52%

(4) 기업 전체의 고정원가: 650,000−130,000=520,000

   기업 전체의 공헌이익: (250,000+750,000+250,000)×52%=650,000

   기업 전체의 영업이익: 650,000/5=130,000

(5) 손익분기점 매출액

   기업 전체: 520,000/52%=1,000,000

   제품 C: 1,000,000×20%(C의 매출액 구성비율)=**200,000**

📋 ③

변동원가계산에서의 손익분기점 판매량	(고정OH+고정판관비)/단위당 공헌이익
전부원가계산에서의 손익분기점 판매량	고정판관비/단위당 매출총이익

1. 분자: 고정판관비

손익분기점 계산 시에는 판매량과 상관없이 무조건 비용화되는 금액이 분자에 와야 한다. 변동원가계산에서는 판매량과 관계없이 고정OH가 전부 비용화되므로 고정판관비와 함께 고정OH가 분자에 왔다.

반면, 전부원가계산에서는 변동원가계산과 달리 고정OH가 제품원가에 포함된다. 이로 인해 전부원가계산에서는 고정OH가 전부 비용화가 되는 것이 아니라, 고정OH 중 판매비율에 해당하는 금액만 비용화가 된다. 따라서 손익분기점 계산 시 분자에서 고정OH가 제외된다.

2. 분모: 단위당 매출총이익

> 단위당 매출총이익=단위당 공헌이익-단위당 고정OH
> (단위당 고정OH=고정OH/생산량)

전부원가계산에서는 고정OH가 제품원가에 포함되어 판매될 때 비용화되므로, 제품당 이익 계산 시 고정OH를 차감해야 한다. 따라서 단위당 공헌이익에서 단위당 고정OH를 차감한 단위당 매출총이익이 분모에 온다.

예제

1. (주)세무는 당기에 영업을 처음 시작하였으며, 실제원가계산을 사용한다. 당기 제품 생산량은 2,000단위이다. 제품 단위당 판매가격은 ₩1,000, 단위당 직접재료원가는 ₩280, 단위당 직접노무원가는 ₩320이고, 당기 총 고정제조간접원가는 ₩200,000, 총 고정판매관리비는 ₩300,000이다. 변동제조간접원가와 변동판매관리비는 존재하지 않는다. 변동원가계산에 의한 손익분기점은 전부원가계산에 의한 손익분기점보다 몇 단위 더 많은가? 2023. CTA

① 100단위   ② 150단위   ③ 200단위
④ 250단위   ⑤ 300단위

2. (주)대한은 정상원가계산을 사용하고 있으며, 20X3년 2월의 생산 및 판매와 관련된 자료는 다음과 같다.

기초재고수량	600단위
기말재고수량	400단위
실제판매량	4,200단위
단위당 판매가격	₩10,000
고정제조간접원가	₩2,000,000
고정판매관리비	₩3,000,000
단위당 직접재료원가	₩3,000
단위당 직접노무원가	₩2,500
단위당 변동제조간접원가	₩2,000

기초 및 기말재고는 모두 완성품이며, 재공품 재고는 없다. 전부원가계산하에서 2월의 손익분기점을 구하면 얼마인가? 단, 단위당 판매가격과 단위당 변동원가는 일정하고 제품 단위 원가는 외부보고용 원가를 의미한다. 2023. CPA

① 1,500단위   ② 1,600단위   ③ 1,700단위
④ 1,800단위   ⑤ 2,000단위

해설

01.

(1) 변동원가계산에 의한 손익분기점

   : 고정원가/단위당 공헌이익=500,000/400=1,250단위

    ① 고정원가: 200,000+300,000=500,000

    ② 단위당 공헌이익: 1,000-280-320=400

(2) 전부원가계산에 의한 손익분기점

   : 고정판관비/단위당 매출총이익=300,000/300=1,000단위

    ① 단위당 고정OH: 200,000/2,000단위=100

    ② 단위당 매출총이익: 단위당 공헌이익-단위당 고정OH=400-100=300

(3) 손익분기점 차이: 1,250단위-1,000단위=**250단위**

답 ④

02.

(1) 단위당 공헌이익: 10,000-3,000-2,500-2,000=2,500

(2) 단위당 고정OH: 2,000,000/4,000단위=500

    ① 생산량: 4,000단위

      기초+생산-판매=기말: 600+생산-4,200=400

(3) 단위당 매출총이익: (1)-(2)=2,000

(4) 전부원가계산에 의한 손익분기점

   : 고정판관비/단위당 매출총이익=3,000,000/2,000=**1,500단위**

답 ①

고저점법이란, 원가함수가 직선이라고 가정하고 **최고조업도와 최저조업도의 원가를 직선으로 연결하여 원가함수를 추정**하는 방법이다.

STEP 1 조업도가 최고, 최저인 기간 선정

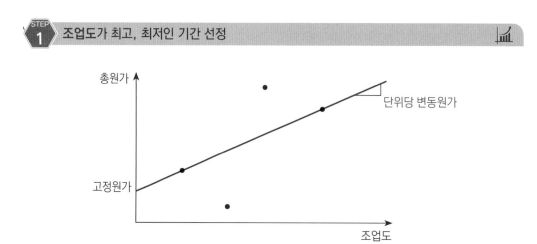

많은 수험생들이 고저점법과 관련하여 헷갈리는 것이, '최고점, 최저점을 이용한다는 것'은 기억하는데, '무엇'의 최고점과 최저점을 이용하는 것인지 기억하지 못한다는 것이다. 고저점법은 최고원가와 최저원가를 이용하여 원가함수를 추정하는 것이 아니다. **최고조업도와 최저조업도의 원가를** 이용해야 한다. 조업도란 투입시간 등의 생산요소 또는 생산량을 의미한다.

위 그림을 보면, '÷' (나누기) 기호와 비슷하게 생겼다. 실전에서 헷갈린다면 나누기 기호를 떠올리자. 원가가 아닌 조업도의 최고, 최저점을 연결해서 원가함수를 추정하고 있다.

STEP 2 단위당 변동원가 구하기

단위당 변동원가=(최고조업도의 원가−최저조업도의 원가)÷(최고조업도−최저조업도)=$(y_2-y_1)÷(x_2-x_1)$

단위당 변동원가는 위 그림에서 기울기를 의미한다. y축인 원가의 변화분을 x축인 조업도의 변화량으로 나누면 단위당 변동원가를 구할 수 있다.

계산기 사용법 단위당 변동원가 빠르게 구하기 : x_2-x_1 M+ y_2-y_1 ÷ MR=

$$y=ax+b \text{ (a: 단위당 변동원가, b: 고정원가)}$$

최고조업도와 **최저조업도** 중 계산이 편한 조업도를 하나 골라 'y=ax+b' 식에 대입하여 b를 구한다.

예제

1. (주)세무의 지난 6개월간 기계가동시간과 기계수선비에 대한 자료는 다음과 같다. (주)세무가 고저점법을 사용하여 7월의 기계수선비를 ₩2,019,800으로 추정하였다면, 예상 기계가동시간은? (단, 기계수선비의 원가동인은 기계가동시간이다.) 2017. CTA

월	기계가동시간	기계수선비
1	3,410시간	₩2,241,000
2	2,430	1,741,000
3	3,150	1,827,000
4	3,630	2,149,000
5	2,800	2,192,500
6	2,480	1,870,000

① 2,800시간   ② 3,140시간   ③ 3,250시간
④ 3,500시간   ⑤ 3,720시간

 해설

01.

(1) 조업도가 최고, 최저인 기간: 4월, 2월

(2) 변동원가: (2,149,000−1,741,000)/(3,630−2,430)=340

계산기 사용법 3,630−2,430 M+ 2,149,000−1,741,000 ÷ MR =

(3) 고정원가: 914,800
1,741,000=340×2,430+고정원가

(4) 원가함수: 기계수선비=340×기계가동시간+914,800

(5) 7월 기계가동시간: **3,250시간**
2,019,800=340×기계가동시간+914,800

답 ③

2. (주)국세는 단일제품을 생산·판매하고 있으며, 7월에 30단위의 제품을 단위당 ₩500에 판매할 계획이다. (주)국세는 제품 1단위를 생산하는데 10시간의 직접노무시간을 사용하고 있으며, 제품 단위당 변동판매비와관리비는 ₩30이다. (주)국세의 총제조원가에 대한 원가동인은 직접노무시간이며, 고저점법에 의하여 원가를 추정하고 있다. 제품의 총제조원가와 직접노무시간에 대한 자료는 다음과 같다.

	총제조원가	직접노무시간
1월	₩14,000	120시간
2월	17,000	100
3월	18,000	135
4월	19,000	150
5월	16,000	125
6월	20,000	140

(주)국세가 7월에 30단위의 제품을 판매한다면 총공헌이익은 얼마인가?   2012. CTA

① ₩1,700 ② ₩2,100 ③ ₩3,000
④ ₩12,900 ⑤ ₩13,800

 해설

02.

(1) 조업도가 최고, 최저인 기간: 4월, 2월

(2) 변동원가: (19,000-17,000)/(150-100)=40

(3) 고정원가: 13,000
17,000=40×100+고정원가

(4) 원가함수: 총제조원가=40×직접노무시간+13,000

(5) 7월 총공헌이익: (500-40×10시간-30)×30단위=**2,100**
원가함수를 통해 추정한 것은 '제조'원가이다. 따라서 여기에 판관비는 포함되어 있지 않다. 제품 1단위 생산 시 10시간의 직접노무시간을 사용하므로 단위당 변동제조원가는 400이고, 단위당 변동판관비 30까지 포함하면 단위당 변동원가는 430이다.

답 ②

학습모형에는 누적평균시간 학습모형과 증분단위시간 학습모형이 있으나, 증분단위시간 학습모형은 출제 빈도가 현저히 낮으므로 본서에서는 누적평균시간 학습모형만 다룬다.

1 누적평균시간 학습모형

누적평균시간 학습모형은 누적 생산량이 2배가 될 때마다 단위당 평균 노동시간이 전 단계 누적생산량의 단위당 평균 노동시간에 비하여 일정한 비율(1-학습률)로 감소하는 상황에서 사용하는 학습모형이다.

예를 들어, 최초 1단위 생산 시 소요되는 직접노동시간은 100시간, 학습률은 60%인 누적평균시간 학습모형을 따른다고 할 경우 각 시간은 다음과 같다.

누적 생산량(a)	단위당 평균노동시간(b)	총 노동시간(c=a×b)	증분 노동시간(c_2-c_1)
1단위	100시간	100×1=100시간	100시간
2단위	100시간×60%=60시간	60×2=120시간	20시간
4단위	100시간×60%²=36시간	36×4=144시간	24시간

누적생산량이 2배가 될 때마다 단위당 평균노동시간은 60%를 곱한다. 총 노동시간은 누적생산량에 단위당 평균노동시간을 곱한 것이므로 누적생산량이 2배가 될 때마다 총 노동시간은 1.2배(=0.6×2)가 된다. 1단위를 생산한 후 1단위를 추가로 생산할 때 증분노동시간은 120-100=20시간이지만, 2단위를 생산한 후 2단위를 추가로 생산할 때 증분노동시간은 144-120=24시간이다. 3번째와 4번째 생산한 제품 2단위에 포함된 직접노무원가를 구할 때에는 '24시간×단위당 직접노무원가'의 방식을 이용하면 된다.

예제

1. 올해 창업한 (주)세무는 처음으로 A광역시로부터 도로청소 특수차량 4대의 주문을 받았다. 이 차량은 주로 수작업을 통해 제작되며, 소요될 원가자료는 다음과 같다.

• 1대당 직접재료원가 : ₩85,000
• 첫 번째 차량 생산 직접노무시간 : 100시간
• 직접노무원가 : 직접노무시간당 ₩1,000
• 제조간접원가 : 직접노무시간당 ₩500

위의 자료를 바탕으로 계산된 특수차량 4대에 대한 총제조원가는? (단, 직접노무시간은 80% 누적평균시간학습모형을 고려하여 계산한다.)

2021. CTA

① ₩542,000   ② ₩624,000   ③ ₩682,000
④ ₩724,000   ⑤ ₩802,000

2. (주)한국은 최근에 신제품 A의 개발을 완료하고 시험적으로 500단위를 생산하였다. 회사가 처음 500단위의 신제품 A를 생산하는 데 소요된 총직접노무시간은 1,000시간이고 직접노무시간당 임률은 ₩300이었다. 신제품 A의 생산에 소요되는 단위당 직접재료원가는 ₩450이고, 단위당 제조간접원가는 ₩400이다. (주)한국은 과거 경험에 의하여 이 제품을 추가로 생산하는 경우 80%의 누적평균직접노무시간 학습모형이 적용될 것으로 추정하고 있으며, 당분간 직접노무시간당 임률의 변동은 없을 것으로 예상하고 있다. 신제품 A를 추가로 1,500단위 더 생산한다면, 총생산량 2,000단위에 대한 신제품 A의 단위당 예상원가는?

2017. CPA

① ₩1,234   ② ₩1,245   ③ ₩1,257
④ ₩1,263   ⑤ ₩1,272

해설

01.

누적 생산량	단위당 평균 직접노무시간	총 직접노무시간
1대	100시간	100시간×1대=100시간
2대		
4대	100시간×80%²=64시간	64시간×4대=256시간

DM	85,000×4대=	340,000
DL	1,000×256시간=	256,000
OH	500×256시간=	128,000
총 제조원가		**724,000**

답 ④

02.

누적 생산량	단위당 평균 직접노무시간	총 직접노무시간
500단위	1,000/500단위=2시간	1,000
1,000단위		
2,000단위	2×80%²=1.28시간	1.28×2,000단위=2,560시간

|별해| 2,000단위 생산 시 총 직접노무시간
1,000시간×80%²×2,000/500=2,560시간
단위당 평균 시간으로 접근하지 않고, 총 시간을 기준으로 학습효과를 적용한 뒤 생산량 증가비율(4)만 곱해도 된다.

DM	450×2,000단위=	900,000
DL	300×2,560시간=	768,000
OH	400×2,000단위=	800,000
총 제조원가		2,468,000
생산량		÷2,000단위
단위당 예상원가		**1,234**

답 ①

종합원가계산 풀이는 다음 순서로 이루어진다. 사례를 이용하여 설명한다.

> Step 1. 재공품 T계정 그리기
> Step 2. T계정에 완성도 표시하기
> Step 3. **완성품 환산량 구하기**
> Step 4. 완환량 단위당 원가 구하기
> Step 5. **완성품 원가 및 기말 재공품 원가 구하기**

사례

(주)한국은 제조원가 계산 시에 종합원가계산을 적용하고 있다. 그리고 생산과정에서 재료는 제조 착수 시점에 전량 투입되고, 가공비는 공정진행에 따라 평균적으로 발생한다. 다음의 원가자료를 이용하여 평균법과 선입선출법을 적용하였을 경우 완성품원가와 기말재공품 원가를 각각 계산하시오.

	재료원가	가공원가	수량
기초재공품원가 및 수량	₩12,800	₩3,800	80개(완성도50%)
당기제조원가	16,000	27,000	160개
기말재공품 수량			40개(완성도50%)
완성품수량			

STEP 1 재공품 T계정 그리기: 기초+착수=완성+기말

재공품(평균법)		재공품(FIFO)	
기초 80	완성 200	기초 80	완성 200
			〈 80
			120
착수 160	기말 40	착수 160	기말 40

1. T 위에 재공품을 쓴 뒤 괄호 열고 원가흐름의 가정(평균법 or FIFO) 쓰기

2. 수량: 기초+착수=완성+기말

　ex〉완성품 수량: 80+160-40=200개

3. 완성품 수량 적기

(1) 평균법: 완성품 수량을 그냥 적기

(2) 선입선출법: ①기초 재공품이 완성된 부분, ②당기에 투입해서 완성된 부분을 구분 표시

STEP 2 T계정에 완성도 표시하기

1. 재공품의 완성도 표시하기

재공품(평균법)		재공품(FIFO)	
기초 80 (1)(0.5)	완성 200	기초 80 (1)(0.5)	완성 200
			〈 80
			120
착수	기말 40 (1)(0.5)	착수	기말 40 (1)(0.5)

> "재료원가는 공정 초기에 투입되고, 가공원가는 전 공정을 통해 균등하게 투입"
> : 재료원가 완성도=1, 가공원가 완성도=재공품 완성도

2. 완성품의 완성도 표시하기

재공품(평균법)		재공품(FIFO)	
기초 80 (1)(0.5)	완성 200 (1)(1)	기초 80 (1)(0.5)	완성 200
			80 (0)(0.5)
			〈
			120 (1)(1)
착수	기말 40 (1)(0.5)	착수	기말 40 (1)(0.5)

(1) 평균법: 완성품의 완성도=1

(2) 선입선출법

① 기초 재공품이 완성된 부분의 완성도=1-기초 재공품 완성도

② 당기에 투입해서 완성된 부분의 완성도=1

STEP 3 완성품 환산량 구하기

완성품 환산량=수량×완성도

재공품(평균법)		완성품환산량	
		재료원가	가공원가
기초 80 (1)(0.5)	완성 200 (1)(1)	200	200
착수	기말 40 (1)(0.5)	40	20
		240	220

재공품(FIFO)		완성품환산량	
		재료원가	가공원가
기초 80 (1)(0.5)	완성 200		
	80 (0)(0.5)	–	40
	120 (1)(1)	120	120
착수	기말 40 (1)(0.5)	40	20
		160	180

STEP 4 완환량 단위당 원가 구하기

평균법	**(기초 재공품원가**+당기제조원가)÷완성품환산량
FIFO	당기제조원가÷완성품환산량

완환량 단위당 원가	재료원가	가공원가
평균법	(12,800+16,000)÷240=120	(3,800+27,000)÷220=140
FIFO	16,000÷160=100	27,000÷180=150

완성품원가 및 기말 재공품 원가 구하기 ★중요!

	완성품원가	기말재공품원가
평균법	Σ완환량 단위당 원가×완성품의 완환량	Σ완환량 단위당 원가 ×기말 재공품의 완환량
FIFO	Σ완환량 단위당 원가×완성품의 완환량 **+기초 재공품원가**	

	완성품원가	기말재공품원가	계
평균법	200×@120+200×@140=52,000	40×@120+20×@140=7,600	59,600
FIFO	120×@100+160×@150 +16,600(기초)=52,600	40×@100+20×@150=7,000	59,600

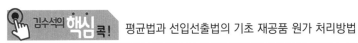 평균법과 선입선출법의 기초 재공품 원가 처리방법

	기초 재공품 원가 배부	기초 재공품 원가 처리 방법
평균법	완성품과 기말 재공품에 배부	완환량 단위당 원가에 가산 →완성품과 기말 재공품에 배부
FIFO	완성품에만 배부	바로 완성품 원가에 가산

주의 FIFO 적용 시 완성품원가: 기초 재공품 원가 포함!

 원가 배부 검산 방법

'완성품원가+기말재공품원가=기초재공품원가+당기투입원가'인지 확인하자. 평균법을 적용하든, FIFO를 적용하든 합계가 59,600(=16,600+43,000)인 것을 볼 수 있다. 합계가 일치한다면 원가 배부를 잘한 것이다.

예제

1. (주)대한은 종합원가계산을 적용하고 있다. 직접재료는 공정의 시작 시점에서 100% 투입되며, 가공원가는 공정 전반에 걸쳐 균등하게 발생한다. (주)대한의 생산 관련 자료는 다음과 같다.

구 분	물 량	재료원가	가공원가
기초재공품	2,000단위 (가공비완성도 60%)	₩24,000	₩10,000
당기착수량	10,000단위		
기말재공품	4,000단위 (가공비완성도 50%)		
당기투입원가		₩1,500,000	₩880,000

(주)대한의 종합원가계산과 관련된 다음의 설명 중 **옳지 않은** 것은? 단, 당기 중에 공손이나 감손은 발생하지 않았다고 가정한다.   2021. CPA

① 평균법을 사용한다면 가공원가에 대한 완성품환산량은 10,000단위이다.

② 평균법을 사용한다면 기말재공품 원가는 ₩686,000이다.

③ 선입선출법을 사용한다면 완성품 원가는 ₩1,614,000이다.

④ 선입선출법을 사용한다면 기초재공품 원가는 모두 완성품 원가에 배부된다.

⑤ 완성품 원가는 선입선출법으로 계산한 값이 평균법으로 계산한 값보다 크다.

01.

1. 평균법 적용

재공품(평균법)		완성품환산량	
		재료원가	가공원가
기초 2,000 (1)(0.6)	완성 8,000 (1)(1)	8,000	8,000
착수 10,000	기말 4,000 (1)(0.5)	4,000	2,000
		12,000	①10,000
		@127	@89

완환량 단위당 원가
- 재료원가: (24,000+1,500,000)/12,000=127
- 가공원가: (10,000+880,000)/10,000=89

완성품원가: 8,000×(127+89)=1,728,000
- 완성품원가는 선입선출법으로 계산한 값이 평균법으로 계산한 값보다 **작다.** (⑤ X)
기말재공품원가: 4,000×127+2,000×89=686,000 (② O)

2. 선입선출법 적용

재공품(FIFO)		완성품환산량	
		재료원가	가공원가
기초 2,000 (1)(0.6)	완성 8,000		
	2,000 (0)(0.4)	–	800
	6,000 (1)(1)	6,000	6,000
착수 10,000	기말 4,000 (1)(0.5)	4,000	2,000
		10,000	8,800
		@150	@100

완환량 단위당 원가
- 재료원가: 1,500,000/10,000=150
- 가공원가: 880,000/8,800=100

완성품원가: 6,000×150+6,800×100+(24,000+10,000)=1,614,000 (③ O)

답 ⑤

2. (주)대한은 단일상품을 제조하는 기업으로 종합원가계산제도를 채택하고 있으며, 재고자산 평가방법은 선입선출법(FIFO)을 사용한다. 제품제조 시 직접재료는 공정 초에 전량 투입되며 전환원가(가공원가)는 공정에 걸쳐 균등하게 발생한다. 다음은 (주)대한의 당기 생산 및 제조에 관한 자료이다.

항목	물량
기초재공품(가공완성도%)	1,800개 (90%)
당기착수물량	15,000개
기말재공품(가공완성도%)	3,000개 (30%)

당기에 발생한 직접재료원가는 ₩420,000이며, 전환원가는 ₩588,600이다. 당기 매출원가는 ₩1,070,000, 기초제품재고는 ₩84,600, 기말제품재고는 ₩38,700이다. 당기 기초재공품은 얼마인가?

2020. CPA

① ₩140,000   ② ₩142,000   ③ ₩144,000
④ ₩145,000   ⑤ ₩146,000

02.

재공품(FIFO)		완성품환산량	
		재료원가	가공원가
기초 1,800 (1)(0.9)	완성 13,800		
	⟨ 1,800 (0)(0.1)	–	180
	12,000 (1)(1)	12,000	12,000
착수 15,000	기말 3,000 (1)(0.3)	3,000	900
		15,000	13,080
		@28	@45

완환량 단위당 원가
- 재료원가: 420,000/15,000=28
- 가공원가: 588,600/13,080=45

완성품원가(=당기제품제조원가): 매출원가+기말제품재고-기초제품재고
=1,070,000+38,700-84,600=1,024,100

완성품원가: 12,000×@28+(180+12,000)×@45+기초 재공품=1,024,100
→ 기초 재공품=**140,000**

|별해| 제조원가의 흐름

	가산		차감		
원재료	기초 매입액		기말		⌐ DM 420,000
가공원가	DL OH	588,600			
재공품	기초	**140,000**	기말	124,500[1]	⌐ 당기제품제조원가
제품	기초	84,600	기말	38,700	⌐ 매출원가 1,070,000

[1]기말재공품원가: 3,000×@28+900×@45=124,500
기초재공품원가: 1,070,000-(420,000+588,600+84,600)+(124,500+38,700)=140,000

답 ①

1. 평균법과 선입선출법의 완환량 차이: 기초재공품의 완환량

> 평균법 완성품환산량−선입선출법 완성품환산량=기초재공품의 완성품환산량

평균법과 선입선출법의 완환량이 차이가 나는 이유는 선입선출법 적용 시에는 완성품 물량을 둘로 나누어, 기초재공품이 완성된 물량은 완성도를 '1−기초재공품의 완성도'로 표시하기 때문이다. 기초재공품의 완성도를 차감해서 표시하기 때문에 평균법과 선입선출법의 완환량 차이는 기초재공품의 완환량과 같다.

2. 기초재공품의 (가공원가) 완성도

> 기초재공품의 (가공원가) 완성도
> =기초재공품의 가공원가 완환량÷기초재공품의 재료원가 완환량

평균법과 선입선출법 적용 시의 완성품환산량을 각각 제시하고, 기초재공품의 (가공원가) 완성도를 묻는 문제가 종종 출제된다. 문제에서 '재료원가는 공정 초기에 전부 투입되고, 가공원가는 공정 전반에 걸쳐 투입된다'고 가정하면, 기초재공품 완성도는 위와 같이 계산할 수 있다. 재공품의 완성도가 곧 재공품의 '가공원가' 완성도이므로 가공원가가 있든 없든 식은 같다. 기초재공품의 재료원가 완성도는 1이고, 가공원가 완성도는 재공품의 완성도와 일치하므로 기초재공품의 가공원가 완환량을 재료원가 완환량으로 나누면 완성도를 구할 수 있다.

완환량	평균법		FIFO		기초재공품
가공원가	XXX	−	XXX	=	XXX
재료원가	XXX	−	XXX	=	XXX

평균법과 FIFO의 완환량 차이가 기초재공품의 완환량이므로, 위 표에 금액만 채우면 기초재공품의 완성도를 구할 수 있다.

예제

1. (주)세무는 종합원가계산제도를 채택하고 있다. 직접재료는 공정의 초기에 전량 투입되며, 전환원가(conversion costs)는 공정 전반에 걸쳐 균등하게 발생한다. 당기 제조활동과 관련하여 가중평균법과 선입선출법에 의해 각각 계산한 직접재료원가와 전환원가의 완성품환산량은 다음과 같다.

	직접재료원가 완성품환산량	전환원가 완성품환산량
가중평균법	3,000단위	2,400단위
선입선출법	2,000단위	1,800단위

기초재공품의 전환원가 완성도는? 2022. CTA

① 20% ② 30% ③ 40%
④ 50% ⑤ 60%

2. (주)국세는 단일제품을 생산하고 있으며, 종합원가계산제도를 채택하고 있다. 직접재료는 공정이 시작되는 시점에서 100% 투입되며, 가공원가는 공정 전체에 걸쳐 균등하게 발생한다. 평균법과 선입선출법에 의한 가공원가의 완성품환산량은 각각 85,000단위와 73,000단위이다. 기초재공품의 가공원가 완성도가 30%라면, 기초재공품 수량은 몇 단위인가? 2011. CTA

① 12,000단위 ② 21,900단위 ③ 25,500단위
④ 36,000단위 ⑤ 40,000단위

해설

01.

완환량	평균법		FIFO		기초재공품
가공원가	2,400	–	1,800	=	600
재료원가	3,000	–	2,000	=	1,000

기초재공품의 전환원가 완성도: 600/1,000=**60%**

답 ⑤

02.

완환량	평균법		FIFO		기초재공품
가공원가	85,000	–	73,000	=	12,000
재료원가		–		=	**40,000**

기초재공품의 가공원가 완성도=12,000÷기초재공품의 재료원가 완환량=30%

→ 기초재공품의 재료원가 완환량=40,000단위

기초재공품의 재료원가 완성도는 1이므로, 기초재공품 수량은 40,000단위이다.

답 ⑤

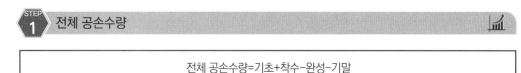

패턴 14 공손

▶▶ 김용재 패턴 회계학 원가관리회계편

1. 공손 수량 계산 방법

STEP 1 전체 공손수량

전체 공손수량=기초+착수−완성−기말

공손이 없다면 '기초+착수=완성+기말'이지만, 공손이 있다면 '기초+착수=완성+공손+기말'이므로, 이를 공손 중심으로 정리하면 위와 같은 식이 도출된다.

STEP 2 정상공손수량

(1) 검사시점 통과기준
정상공손수량 계산 방법에는 여러 방법이 있지만 대부분 검사시점 통과기준으로 출제되므로 본서에서는 검사시점 통과기준만 설명한다.

정상공손수량=당기 중 검사를 **통과한** 물량×정상공손허용률

재공품

기초 50	완성 150
	⟨ ① 50
	② 100
	공손 100
	⟨ 정상
	비정상
착수 300	기말 ③ 100

① 기초 재공품이 완성된 물량: '기초 재공품의 완성도<검사 시점의 완성도'이면 통과
② 당기에 착수하여 완성된 물량: 무조건 통과
③ 기말 재공품: '기말 재공품의 완성도>검사 시점의 완성도'이면 통과
  – '당기 중 검사를 통과한' 물량에 *(별표) 표시

추의 정상공손수량은 평균법, 선입선출법 적용과 관계없이 동일

−평균법을 가정해도 완성품을 둘로 쪼개야 함

STEP 3 비정상공손수량

비정상공손수량=전체 공손수량−정상공손수량

2. 공손품의 완성도

공손품의 재료원가 완성도=1, 공손품의 가공원가 완성도=**검사 시점**
(재료원가는 공정 초기에 전부 투입하고 가공원가는 공정 전반에 걸쳐 투입 시)

공손품은 검사 시점까지만 원가를 투입하고, 공손품으로 판명되면 추가로 원가 투입하지 않는다.

3. 공손원가 처리방법

(1) 정상공손원가: 정상품에 배부
① 기말 재공품이 당기 중에 검사를 통과했다면
　: **완성품 & 기말 재공품에 수량 비례**(not 완환량 비례) **배부**
② 기말 재공품이 당기 중에 검사를 못 통과했다면: **완성품에만 배부**

(2) 비정상공손원가: 비용처리

4. 평균법 및 선입선출법 적용 시 기초 재공품에 포함된 정상공손원가 심화

기말 재공품이 당기 중에 검사를 통과했다면 정상공손원가는 기말 재공품에도 배부된다. 만약 작년에 이런 상황이 벌어졌다면 기초 재공품에 정상공손원가가 포함되어 있을 것이다. 원가흐름의 가정에 따라 기초 재공품에 포함된 정상공손원가는 다음과 같이 처리한다.

(1) 평균법: (기초 정상공손원가+당기 정상공손원가)를 정상품에 수량 비례 배부

(2) 선입선출법
① 기초 정상공손원가: 전부 완성품에 배부
② 당기 정상공손원가: 정상품에 수량 비례 배부

※ 다음 자료를 이용하여 1번과 2번에 답하시오.

- (주)대한은 선입선출법에 의한 종합원가계산을 적용하여 제품원가를 계산하고 있다.
- 원재료는 공정 초에 전량 투입되고, 전환원가는 공정 전반에 걸쳐 균등하게 발생한다.
- 공정의 80% 시점에서 품질검사를 실시하며, 정상공손 허용수준은 합격품의 10%이다. 정상공손원가는 합격품 원가에 가산되고, 비정상공손원가는 기간비용으로 처리된다.
- 공손품은 모두 폐기되며, 공손품의 처분가치는 없다.
- 다음은 20X1년 2월 공정의 생산 및 원가자료이다. 단, 괄호 안의 숫자는 전환원가의 완성도를 의미한다.

구분	물량단위	직접재료원가	전환원가
기초재공품	2,000(70%)	₩70,000	₩86,000
당기투입	10,000	₩2,000,000	₩860,000
완성품	8,000		
기말재공품	3,000(40%)		

예제

1. (주)대한의 20X1년 2월 직접재료원가와 전환원가의 완성품환산량 단위당 원가를 계산하면 각각 얼마인가?

2022. CPA

	직접재료원가	전환원가
①	₩200	₩100
②	₩200	₩80
③	₩220	₩100
④	₩220	₩80
⑤	₩250	₩100

2. (주)대한의 20X1년 2월 완성품 단위당 원가는 얼마인가?

2022. CPA

① ₩242　　② ₩250　　③ ₩252　　④ ₩280　　⑤ ₩282

해설

01.

	재공품(FIFO)		완성품환산량	
			재료원가	가공원가
기초 2,000 (1)(0.7)	완성 8,000			
		2,000* (0)(0.3)	–	600
		6,000* (1)(1)	6,000	6,000
	공손 1,000 (1)(0.8)			
		정상 800	800	640
		비정상 200	200	160
착수 10,000	기말 3,000 (1)(0.4)		3,000	1,200
			10,000	8,600
			@200	@100

(1) 전체 공손수량: 기초+착수−완성−기말
=2,000+10,000−8,000−3,000=1,000개

(2) 정상공손수량: 8,000×10%=800개
 − 당기 중 검사를 **통과한** 물량: 2,000+6,000=8,000

(3) 비정상공손수량: 1,000개−800개=200개

(4) 완환량 단위당 원가
 − 재료원가: 2,000,000/10,000=**200**
 − 가공원가: 860,000/8,600=**100**

답 ①

02.

(1) 정상공손원가: 800×200+640×100=224,000

(2) 완성품원가: 6,000×200+6,600×100+(70,000+86,000)+224,000=2,240,000
 − 합격품이 완성품밖에 없으므로 정상공손원가는 전부 완성품에 배부된다.

(3) 완성품 단위당 원가: 2,240,000/8,000단위=**280**

답 ④

15 결합원가계산

▶▶ 김용재 패턴 회계학 원가관리회계편

1 결합원가 배부방법

> 1. 순실현가능가치법
> 2. 균등이익률법
> 3. 분리점에서의 판매가치법

대표적인 결합원가 배부방법에는 위 세 가지가 있으나, 본서에서는 출제 빈도가 가장 높은 순실현
가능가치법과 균등이익률법만 다룬다.

2 순실현가능가치법 (=순실현가치법)

: 각 결합제품의 순실현가능가치(NRV)의 비율대로 결합원가를 배부하는 방법

	① 매출액	② NRV	⑤ 결합원가	⑥ 제조원가
A	공정가치×생산량	매출액−추가가공원가	④ 총 결합원가 × $\dfrac{② NRVa}{③ NRV합계}$	A 결합원가+**추가가공원가**
B	ⅩⅩⅩ	ⅩⅩⅩ		
계		③ **NRV 합계**	④ 총 결합원가	

 STEP 1 매출액 구하기

> ① 각 제품의 매출액=공정가치×생산량

 STEP 2 순실현가능가치(NRV) 구하기

> ② NRV=매출액−추가가공원가

> **주의** ⑨ 매출액, NRV 계산 시 판매량이 아닌 **생산량**을 이용할 것!
>
> 판매량을 기준으로 매출액 및 NRV를 계산하면 원가가 판매량을 기준으로 배부
> → 판매가 저조한 제품은 원가를 배부받지 못함
> → **생산된 물량이 전부 팔린다고 가정**하고 매출액을 구하고, **결합원가를 배부해야 함**

STEP 3 결합원가 배부하기

문제에 제시된 ④총 결합원가를 제품별 NRV의 비율대로 ⑤각 결합제품에 배부

STEP 4 제품별 제조원가 구하기

⑥ 제조원가=⑤ 결합원가+추가가공원가

3 균등이익률법 (=균등매출총이익률법)

: 모든 결합제품의 이익률이 동일하도록 결합원가를 배부하는 방법

	매출액	③ 제조원가	④ 결합원가
A	① 공정가치×생산량	① 매출액×매출원가율	③ 제조원가-추가가공원가
B	×××		
계	② 기업 전체의 매출액		

STEP 1 기업 전체의 매출액 구하기

① 각 제품의 매출액=공정가치×생산량
② 기업 전체의 매출액=∑각 제품의 매출액

STEP 2 기업 전체의 매출원가율 구하기

기업 전체의 매출원가율=기업 전체의 제조원가/기업 전체의 매출액
=**(총 결합원가**+총 추가가공원가)/기업 전체의 매출액

주의 기업 전체의 제조원가를 구할 때 결합원가를 빼놓지 말 것!

추가가공원가는 주로 표로 제시되기 때문에 시선이 집중되지만, 결합원가는 문장으로 제시되기 때문에 빼고 계산하기 쉽다.

STEP 3 각 제품의 제조원가 구하기

③ 각 제품의 제조원가=각 제품의 매출액×기업 전체의 매출원가율

 STEP 4 개별제품의 결합원가 구하기

④ 각 제품의 결합원가=각 제품의 제조원가−추가가공원가

 순실현가치법과 균등이익률법의 비교

NRV법	균등이익률법
①결합원가	①제조원가
+추가가공원가	−추가가공원가
=②제조원가	=②결합원가

계산 순서도 다르고, 추가가공원가를 더할지, 뺄지 여부도 다르니, 주의하자.

예제

1. (주)세무는 20X1년 4월에 원재료 X를 가공하여 두 개의 결합제품인 제품 A 1,200단위와 제품 B 800단위를 생산하는데 ₩100,000의 결합원가가 발생하였다. 제품 B는 분리점에서 판매할 수도 있지만, 이 회사는 제품 B 800단위 모두를 추가가공하여 제품 C 800단위 생산한 후 500단위를 판매하였다. 제품 B를 추가가공하는데 ₩20,000의 원가가 발생하였다. 4월초에 각 제품의 예상판매가격은 제품 A는 단위당 ₩50, 제품 B는 단위당 ₩75, 제품 C는 단위당 ₩200이었는데, 20X1년 4월에 판매된 제품들의 가격은 예상판매가격과 동일하였다. (주)세무는 결합원가 배부에 순실현가치법을 적용하고, 경영목적상 각 제품별 매출총이익을 계산한다. 20X1년 4월 제품 C에 대한 매출총이익은 얼마인가? (단, 월초재고와 월말재공품은 없으며, 공손 및 감손도 없다.) 　2014. CTA

① ₩30,250　　　　　② ₩35,750　　　　　③ ₩43,750
④ ₩48,250　　　　　⑤ ₩56,250

해설

01.

	매출액	NRV	결합원가	제조원가
A	1,200단위×@50 =60,000	60,000	30,000	
C	800단위×@200 =160,000	160,000-20,000 =140,000	70,000	70,000+20,000 =90,000
계		200,000	100,000	

-제품 B는 분리점에서 바로 판매하는 것이 아니라, 추가가공 후 제품 C로 판매하므로 제품 C를 분석하였다.
-제품 C는 800단위 생산 후, 500단위만 판매하였지만, 매출액은 800단위를 기준으로 계산해야 한다.

C의 단위당 제조원가: 90,000/800단위=112.5
매출총이익: (200-112.5)×500단위=**43,750**

답 ③

2. (주)대한은 결합생산공정을 통해 결합제품 X와 Y를 생산 및 판매하고 있으며, 균등매출총이익률법을 적용하여 결합원가를 배부한다. (주)대한은 20X1년에 결합제품 X와 Y를 모두 추가가공하여 전량 판매하였으며, 추가가공원가는 각 제품별로 추적가능하고 모두 변동원가이다. (주)대한의 20X1년 생산 및 판매 관련 자료는 다음과 같다.

제품	생산량	추가가공원가	최종판매단가
X	6,000단위	₩30,000	₩50
Y	10,000	20,000	20

20X1년 중 발생한 결합원가가 ₩350,000일 경우, (주)대한이 제품 X와 Y에 배부할 결합원가는 각각 얼마인가? 단, 공손 및 감손은 없으며, 기초 및 기말재공품은 없다. 2022. CPA

	제품 X	제품 Y
①	₩200,000	₩150,000
②	₩210,000	₩140,000
③	₩220,000	₩130,000
④	₩230,000	₩120,000
⑤	₩240,000	₩110,000

해설

02.

	매출액	제조원가	결합원가
X	6,000단위×@50 =300,000	300,000×80% =240,000	240,000-30,000 =**210,000**
Y	10,000단위×@20 =200,000	200,000×80% =160,000	160,000-20,000 =**140,000**
계	500,000	400,000	350,000

회사 전체의 매출원가율: (350,000+30,000+20,000)/500,000=80%

目 ②

1. 생산기준법

생산기준법이란 부산물을 순실현가능가치로 평가하고, 총 결합원가 중 부산물의 순실현가능가치를 제외한 금액을 연산품에 배분하는 방법을 말한다. 부산물에 순실현가능가치만큼 원가를 배분하므로 이후에 부산물 판매 시 손익은 발생하지 않는다.

2. 판매기준법 심화

판매기준법이란 부산물에 결합원가를 배분하지 않고 결합원가를 전부 연산품에 배분하는 방법을 말한다. 이후에 부산물 판매 시 발생하는 이익은 잡이익으로 계상한다.

	생산기준법	판매기준법
부산물 인식시점	생산시점	판매시점
부산물에 배부되는 결합원가	부산물의 순실현가능가치	0
부산물의 총제조원가	부산물의 순실현가능가치 +추가원가	추가원가
부산물 판매이익	0	부산물의 순실현가능가치

예제

1. (주)국세는 결합공정을 통하여 주산물 X, Y와 부산물C를 생산하였으며, 결합원가는 ₩50,000이었다. 주산물X는 추가가공 없이 판매하지만, 주산물Y와 부산물C는 추가가공을 거쳐 판매한다. 20X1년의 생산 및 판매 자료는 다음과 같다.

	주산물X	주산물Y	부산물C
추가가공원가	없음	₩13,400	₩600
생산량	900단위	900단위	200단위
단위당 판매가격	₩30	₩70	₩5

부산물은 생산시점에서 순실현가능가치로 인식한다. 균등매출총이익률법에 의해 각 주산물에 배분되는 결합원가는?

2015. CTA

	주산물X	주산물Y		주산물X	주산물Y
①	₩17,300	₩32,300	②	₩17,600	₩32,000
③	₩18,100	₩31,500	④	₩18,900	₩30,700
⑤	₩19,600	₩30,000			

해설

01.

부산물 C의 순실현가능가치(=결합원가 배분액): 5×200단위-600=400

주산물(=연산품)에 배부되는 결합원가: 50,000-400=49,600

	매출액	제조원가	결합원가
X	900×30=27,000	27,000×70%=18,900	**18,900**
Y	900×70=63,000	63,000×70%=44,100	44,100-13,400=**30,700**
계	90,000	63,000	49,600

회사 전체의 매출원가율: (49,600+13,400)/90,000=70%

– 생산기준법을 적용하므로 부산물에 배분되는 결합원가는 제외하고 계산하였다.

답 ④

2. (주)세무는 결합공정을 거쳐 분리점에서 주산물 A와 B, 부산물 C를 생산하고 있다. 20X1년 결합공정에 투입된 원재료는 2,200kg이며, 결합원가는 ₩31,960 발생하였다. 제품 A와 부산물 C는 추가가공을 필요로 하지 않지만, 제품 B는 추가가공하여 최종 완성된다. 부산물의 원가는 생산기준법(생산시점의 순실현가치법)을 적용하여 인식한다. 20X1년 생산 및 판매자료는 다음과 같다.

	생산량	추가가공원가	단위당 판매가격	결합원가 배분액
제품 A	1,350kg	–	₩100	₩13,950
제품 B	550	₩11,000	320	?
부산물 C	300	–	?	?
	2,200kg			₩31,960

순실현가치법으로 결합원가를 배분할 때 제품 A에는 ₩13,950이 배분되었다. 부산물 C의 단위당 판매가격은? (단, 재공품은 없다.)

2023. CTA

① ₩3.0 ② ₩3.2 ③ ₩3.4
④ ₩3.6 ⑤ ₩3.8

⏱ **해설**

02.

	매출액	NRV	결합원가
A	1,350×100=135,000	135,000	13,950
B	550×320=176,000	176,000–11,000=165,000	17,050
계			31,000

제품 B 순실현가능가치(=결합원가 배분액): 13,950×165,000/135,000=17,050

부산물 C 결합원가 배분액: 31,960–(13,950+17,050)=960
부산물 C의 단위당 판매가격(=순실현가능가치): 960/300kg=**3.2**
– 부산물 C는 추가가공원가가 없으므로 단위당 판매가격과 순실현가능가치가 같다.

답 ②

패턴

17 기초원가 차이분석

▶▶ 김용재 패턴 회계학 원가관리회계편

1   예산

1. 고정예산: 사전에 계획된 조업도를 기준으로 사전에 편성된 예산

2. 변동예산: 고정예산의 조업도만 실제 조업도로 바꾸어 사후에 재조정한 예산

(1) 조업도(=투입량, 산출량): 실제 금액
(2) 판매가격, 단위당 변동원가, 총 고정원가: 고정예산 상의 금액

2   직접재료원가, 직접노무원가 차이분석

실제원가 AQ×AP		변동예산(투입량기준) AQ×SP		변동예산(산출량기준) SQ×SP
=X X X	가격차이	=X X X	능률차이	=X X X

└─────────────── 변동예산차이(=총 차이) ───────────────┘

1. 용어 설명

	A(Actual)-실제	S(Standard)-표준
P(Price)-가격	AP: 투입요소의 단위당 **실제가격**	SP: 투입요소의 단위당 **표준가격**
Q(Quantity)-투입량	AQ: 투입요소의 **실제투입량**	SQ: **실제생산량**에 허용된 투입요소의 **표준투입량**

SQ: **실제** 생산량×제품당 표준 투입량 ★중요!

 **Why?** SQ가 표준투입량임에도 실제 생산량(not 표준 생산량)을 곱하는 이유

차이분석은 실제원가를 변동예산과 비교하는 것이다. 변동예산은 실제 생산량을 기준으로 편성된다. 왜냐하면 생산량이 같아야 비교하는 것이 의미 있기 때문이다. 가령, 고정예산은 100개 생산을 기준으로 편성했는데, 실제로는 200개를 생산했다고 치자. 그렇다면 100개의 제조원가와 200개의 제조원가를 비교하는 것은 무의미하다. 실제로 200개를 생산했다면 SQ도 200개로 환산해서 계산해야 한다. **SQ는 '표준' 투입량이지만 '실제' 생산량을 곱한**다는 것을 정확히 기억하자.

2. 가격차이와 능률차이

(1) 가격차이와 능률차이의 명칭

가격차이와 능률차이는 원가에 따라 다음과 같이 다양한 이름으로 제시될 수 있다.

	가격차이	능률차이
DM	가격차이	능률차이, **수량차이**, 사용차이
DL	가격차이, **임률차이**	능률차이, 시간차이

(2) 유리한 차이와 불리한 차이: 왼쪽이 크면 불리

유리한 차이(F, Favorable)	실제 원가〈예산 원가
불리한 차이(U, Unfavorable)	실제 원가〉예산 원가

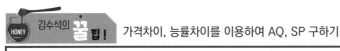 **꿀팁!** 가격차이, 능률차이를 이용하여 AQ, SP 구하기

가격차이=AQ×AP−AQ×SP=AQ×(AP−SP)
→ AQ=가격차이/(AP−SP)
능률차이=AQ×SP−SQ×SP=SP×(AQ−SQ)
→ SP=능률차이/(AQ−SQ)

3   구입 시점에 직접재료원가 가격차이를 분리하는 경우

	AQ × AP		AQ × SP		SQ × SP
구입 시점	실제구입량× AP	가격차이 XXX	실제구입량× SP	ㄱ	
				직접재료의 표준가 증가액	
사용 시점			실제투입량× SP	ㄴ 능률차이 XXX	표준투입량× SP

직접재료원가 가격차이는 사용시점에서 분리할 수도 있고, 구입시점에서 분리할 수도 있다. 지금까지는 사용시점에서 분리한 것이다. AQ와 SQ가 모두 '투입량'이었기 때문이다. 만약 직접재료원가 가격차이를 구입시점에서 분리한다면 AQ의 의미는 달라진다.

1. 구입시점: AQ=실제구입량

직접재료원가의 가격차이는 구매부서에서 직접재료를 얼마나 싸게 샀느냐에 따라 결정된다. 따라서 가격차이를 구입시점에 분리하는 경우 **AQ에 실제구입량을 대입**한다. 예산으로 설정한 표준가격보다 싸게 산 만큼 가격차이는 유리하게 표시된다.

2. 사용시점: AQ=실제투입량

사용시점에는 기존의 차이 분석과 똑같이 하면 된다. 사용시점에는 직접재료를 얼마나 효율적으로 사용했는지를 평가하는 것이므로 **AQ에 실제투입량을 대입하여 표준투입량과 비교한다.**

3. 직접재료의 표준원가 증가액: (실제구입량−실제투입량)×SP

구입시점과 사용시점의 AQ에 대입되는 수량이 다르다. 실제구입량에서 실제투입량을 차감하면 직접재료의 증가량이 계산되는데, 가운데 줄에는 구입시점과 사용시점 모두 SP가 곱해져 있으므로 직접재료의 '표준원가' 증가액을 계산할 수 있다.

예제

1. (주)국세는 표준원가계산제도를 채택하고 있다. 20X1년 직접재료의 표준원가와 실제원가는 다음과 같을 때, 직접재료원가 수량차이는?
2015. CTA

표준원가	제품 단위당 직접재료 표준투입량	20kg
	직접재료 표준가격	₩30/kg
실제원가	실제 생산량	50개
	직접재료원가	₩35,000
	직접재료 구입가격	₩28/kg

① ₩5,500 유리 ② ₩5,500 불리 ③ ₩7,500 유리

④ ₩7,500 불리 ⑤ ₩0 차이 없음

해설

01.

	AQ × AP		AQ × SP		SQ × SP
DM	①1,250kg×28 =35,000	가격차이	②1,250kg×30 =③37,500	수량차이 ⑥7,500 불	④1,000kg×30 =⑤30,000

① 직접재료원가는 실제원가(AQ × AP)이다. 이를 AP로 나누면 AQ를 계산할 수 있다.
② 같은 금액을 옮겨 적었다.
③ SP를 곱해서 가운데 금액을 구했다.
④ SQ: 실제 생산량×단위당 표준투입량=50개×20kg=1,000kg
⑤ SP를 곱해서 오른쪽 금액을 구했다.

답 ④

2. (주)세무는 표준원가계산제도를 채택하고 있으며, 당기 직접노무원가와 관련된 자료는 다음과 같다.

제품 실제생산량	1,000단위
직접노무원가 실제 발생액	₩1,378,000
단위당 표준직접노무시간	5.5시간
직접노무원가 능률차이	₩50,000(유리)
직접노무원가 임률차이	₩53,000(불리)

(주)세무의 당기 직접노무시간당 실제임률은?

① ₩230   ② ₩240   ③ ₩250

④ ₩260   ⑤ ₩270

해설

02.

	AQ × AP		AQ × SP		SQ × SP
DL	⑦5,300시간×⑧**260** =1,378,000	임률차이 53,000 불	⑥5,300시간×⑤250 =①1,325,000	능률차이 50,000 유	③5,500시간×④250 =②1,375,000

① 1,378,000−53,000=1,325,000

② 1,325,000+50,000=1,375,000

③ SQ: 실제 생산량×단위당 표준투입량=1,000단위×5.5시간=5,500시간

④ 1,375,000/5,500=250

⑤ 같은 금액을 옮겨 적었다.

⑥ 1,325,000/250=5,300

⑦ 같은 금액을 옮겨 적었다.

⑧ 1,378,000/5,300=**260**

답 ④

3. (주)세무는 당기에 영업을 개시하였으며 표준원가계산제도를 채택하고 있다. 직접재료와 관련된 자료는 다음과 같다. 당기 실제 제품 생산량이 2,000단위일 때 기말 직접재료 재고량은? (단, 기말 재공품은 없다.)   2019. CTA

> • 제품 단위당 직접재료 표준원가 : 3kg×₩10/kg=₩30
> • 직접재료 kg당 실제 구입가격 : ₩12
> • 직접재료 구입가격차이 : ₩12,600(불리)
> • 직접재료 능률차이 : ₩4,000(유리)

① 300kg   ② 400kg   ③ 500kg
④ 600kg   ⑤ 700kg

해설

03.

	AQ × AP		AQ × SP		SQ × SP
구입 시점	⑤6,300kg×12 =75,600	가격차이 12,600 불	⑤6,300kg×10 =63,000		
사용 시점			④5,600kg×10 =③56,000	능률차이 4,000 유	①6,000kg×10 =②60,000

① SQ: 2,000단위×3kg=6,000kg
⑤ AQ(실제 구입량): 12,600/(12−10)=6,300kg

기말 재료량: 구입량−사용량=6,300kg−5,600kg=**700kg**

참고 가격차이를 구입 시점에서 분리한 이유

문제에서 기말 직접재료 재고량을 물었는데, 당기에 영업을 개시하였으므로 '구입량−사용량'이 기말 재고량과 같다. 그런데 문제에서 구입량을 제시하지 않았으므로, 구입량을 우리가 구해야 한다. 이를 바탕으로 가격차이를 구입시점에서 분리하는 상황이라는 것을 유추할 수 있다. 하지만 이는 문제를 푸는 입장에서의 접근법이고, '가격차이를 구입 시점에서 분리한다'는 언급이 문제에 있어야 한다. 문제를 잘못 냈다.

답 ⑤

18 투입요소가 두 개인 경우 차이 분석

▶▶ 김용재 패턴 회계학 원가관리회계편

'AQ × SP'와 'SQ × SP'의 차이는 능률차이이다. 만약 두 개의 투입요소(직접재료, 직접노동시간)를 투입하는 경우 능률차이는 단순히 AQ와 SQ의 차이가 아닐 수도 있다. 실제와 표준의 총 투입량은 같더라도 각 투입요소의 사용비율이 다를 수 있기 때문이다. 따라서 각 투입요소의 사용비율의 차이를 분석하기 위해 능률차이를 다음과 같이 세분화할 수 있다.

AQ × SP	배합차이	실제투입량계 ×표준비율×SP	수율차이	SQ × SP

능률차이

1. 배합차이: AQ × SP-실제투입량계×표준비율×SP

(AQ=실제투입량계×실제비율)

배합차이는 각 투입요소의 사용비율이 표준과 달라서 발생하는 차이이다. AQ는 실제투입량계에 실제비율을 곱한 수량인데, 여기에 실제비율만 표준비율로 교체한 수량을 가운데 줄에 대입하여 둘의 차이를 계산하면 배합차이가 계산된다.

2. 수율차이(=순수수량차이): 실제투입량계×표준비율×SP-SQ × SP

(SQ=표준투입량계×표준비율)

수율차이는 총투입량이 표준과 달라서 발생하는 차이이다. SQ는 표준투입량계에 표준비율을 곱한 수량인데, 여기에 표준투입량계만 실제투입량계로 교체한 수량을 가운데 줄에 대입하여 둘의 차이를 계산하면 수율차이가 계산된다.

예제

1. (주)세무는 표준원가계산제도를 채택하고 있으며, 상호 대체가능한 원재료 A와 B를 이용하여 제품을 생산한다. 원재료 투입량과 표준가격은 다음과 같다.

원재료	실제투입량	표준투입량	kg당 표준가격
A	150kg	120kg	₩30
B	150kg	180kg	₩20

재료원가 차이분석에 관한 설명으로 옳은 것은? (단, 표준투입량은 실제생산량에 허용된 원재료 투입량을 의미하며, 원가차이의 유리(혹은 불리) 여부도 함께 판단할 것) 2022. CTA

① 원재료 A와 B에서 발생한 수량차이(능률차이)는 총 ₩300 유리하다.
② 배합차이로 인해 재료원가가 예상보다 ₩600 더 발생했다.
③ 배합차이로 인해 원재료 A의 원가는 예상보다 ₩900 적게 발생했다.
④ 수율차이(순수수량차이)는 발생하지 않았다.
⑤ 원재료 A와 B의 실제투입량 합계가 300kg에서 400kg으로 증가하면 유리한 수율차이가 발생한다.

해설

01.

	AQ × SP	배합차이	실제투입량계 ×표준비율×SP	수율차이	SQ × SP
A	150kg×30 =4,500	③900 불리	300kg×0.4×30 =3,600	–	120kg×30 =3,600
B	150kg×20 =3,000	600 유리	300kg×0.6×20 =3,600	–	180kg×20 =3,600
계	7,500	②300 불리	7,200	④–	7,200
			①수량차이 300 불리		

① 수량차이: 300 불리
② 배합차이: 예상보다 300 더 발생했다.
③ 배합차이(A): 예상보다 900 더 발생했다.
⑤ 실제투입량 합계가 증가하면 (400−300)×(0.4×30+0.6×20)=2,400 불리한 수율차이가 발생한다.

답 ④

2. (주)한국은 상호대체가 가능한 두 종류의 노무등급인 고급노무인력과 저급노무인력을 제조공정에 투입하여 제품을 생산한다. 이 회사는 표준원가계산제도를 사용하여 직접노무원가에 대해 매월 실제원가와 표준원가의 차이를 분석하고자 한다. 이를 위한 20X1년 2월의 각 노무등급별 표준직접노무원가에 관한 자료는 다음과 같다.

	표준임률	실제생산량에 허용된 표준노무시간
고급노무인력	₩20	200시간
저급노무인력	₩12	200시간

20X1년 2월의 각 노무등급별 실제임률과 실제로 사용된 직접노무시간은 다음과 같다.

	실제임률	실제 사용된 직접노무시간
고급노무인력	₩21	220시간
저급노무인력	₩13	160시간

(주)한국의 20X1년 2월 직접노무원가의 배합차이와 수율차이는 각각 얼마인가? 2014. CPA

	배합차이	수율차이
①	₩280 유리	₩300 유리
②	₩280 유리	₩300 불리
③	₩240 불리	₩300 유리
④	₩240 불리	₩320 유리
⑤	₩240 불리	₩320 불리

해설

02.

	AQ × SP	배합차이	실제투입량계 ×표준비율×SP	수율차이	SQ × SP
고급	220X20 =4,400		380×0.5×20 =3,800		200×20 =4,000
저급	160×12 =1,920		380×0.5×12 =2,280		200×12 =2,400
계	6,320	**240 불리**	6,080	**320 유리**	6,400

답 ④

1. 변동제조간접원가 차이분석

AQ×AP		AQ×SP		SQ×SP
실제 발생액	소비차이	=X X X	능률차이	=X X X

변동예산차이(=총 차이)

(1)용어 설명

제조간접가는 배부기준(ex)시간)에 따라 배부되므로 P는 배부기준 당 변동OH를, Q는 배부기준 수를 의미한다.

	의미	사례 ('배부기준=직접노무시간' 가정)
AP	실제 변동OH/실제 배부기준	실제 변동OH/실제 직접노무시간
SP	예산 변동OH/예산 배부기준	예산 변동OH/예산 직접노무시간
AQ	실제 배부기준 수	실제 직접노무시간
SQ	실제생산량×제품당 표준투입량	실제생산량×제품당 표준직접노무시간

(2) 소비차이: DM, DL에서 **가격차이**에 해당하는 차이를 **변동OH는 소비차이라고 부른다.** 이름만 다를 뿐 의미는 같다.

2. 배부기준이 뱃치(batch)에 비례하여 발생하는 경우 ★중요!

변동제조간접원가 차이분석은 배부기준이 뱃치에 비례하여 발생하는 경우 위주로 출제된다. 배부기준이 뱃치에 비례하여 발생하는 경우 변동제조간접원가 차이분석 시 AQ와 SQ는 다음과 같이 계산한다. 배부기준은 작업준비시간을 가정하였다.

> AQ=실제생산량/실제 뱃치규모×실제 뱃치당 작업준비시간
> SQ=**실제**생산량/표준 뱃치규모×표준 뱃치당 작업준비시간

AQ는 실제 배부기준 수이므로 전부 실제 수치를 대입하여 계산한다. 한편, SQ는 실제생산량에 허용된 표준투입량이므로, 생산량만 실제생산량을 이용하고 나머지는 표준 수치를 이용하여 계산한다.

예제

1. (주)세무는 표준원가계산제도를 채택하고 있으며, 직접노무시간을 기준으로 제조간접원가를 배부한다. 20X1년의 생산 및 원가 자료가 다음과 같을 때, 변동제조간접원가 소비차이는? 2020. CTA

변동제조간접원가 실제발생액	₩130,000
실제총직접노무시간	8,000시간
당기제품생산량	3,600단위
제품당 표준직접노무시간	2시간
변동제조간접원가 능률차이	₩8,000(불리)

① ₩25,000(유리)　　② ₩25,000(불리)　　③ ₩50,000(유리)
④ ₩50,000(불리)　　⑤ ₩75,000(불리)

2. 단일의 제품을 생산·판매하고 있는 (주)한국은 20X1년초에 영업을 개시하였으며 표준원가계산제도를 채택하고 있다. 표준은 연초에 수립되어 향후 1년 동안 그대로 유지된다. (주)한국은 활동기준원가계산을 이용하여 변동제조간접원가예산을 설정한다. 변동제조간접원가는 전부 기계작업준비활동으로 인해 발생하는 원가이며, 원가동인은 기계작업준비시간이다. 기계작업준비활동과 관련하여 20X1년초 설정한 연간 예산자료와 20X1년말 수집한 실제결과는 다음과 같다.

구분	예산자료	실제결과
생산량(단위수)	144,000단위	138,000단위
뱃치규모(뱃치당 단위수)	60단위	50단위
뱃치당 기계작업준비시간	5시간	4시간
기계작업준비시간당 변동제조간접원가	₩50	₩55

(주)한국의 20X1년도 변동제조간접원가에 대해서 옳은 설명은? 2017. CPA

① 변동제조간접원가 고정예산은 ₩575,000이다.
② 투입량기준 변동제조간접원가예산은 ₩542,000이다.
③ 변동제조간접원가 소비차이는 ₩45,200 불리하다.
④ 변동제조간접원가 능률차이는 ₩21,000 유리하다.
⑤ 변동제조간접원가 배부차이(총차이)는 ₩32,200 불리하다.

🕐 해설

01.

	AQ × AP			AQ × SP		SQ × SP
변동OH	130,000	④소비차이 **50,000 불**	8,000×②10 =③80,000	능률차이 8,000 불	①7,200×②10 =72,000

① SQ: 실제 생산량×단위당 표준투입량=3,600단위×2시간=7,200단위
② SP=능률차이/(AQ-SQ)=8,000/(8,000-7,200)=10

답 ④

02.

① 변동제조간접원가 고정예산: 144,000/60단위×5시간×50=600,000 (X)

	AQ × AP		AQ × SP		SQ × SP
변동OH	11,040×55 =607,200	소비차이 ③55,200 불	11,040×50 =②552,000	능률차이 ④23,000 유	11,500×50 =575,000
		⑤총차이 **32,200 불**			

AQ: 138,000/50단위×4시간=11,040
SQ: 138,000/60단위×5시간=11,500

답 ⑤

1. 표준원가 배부액

	실제원가		변동예산 (투입량기준)		변동예산 (산출량기준)		표준원가 배부액
변동원가	AQ*AP	가격차이	AQ*SP	능률차이	SQ*SP	=	SQ*SP
고정OH	실제 발생액	예산차이	고정OH 예산	=	고정OH 예산	조업도차이	SQ*SP

(1) 변동원가: 산출량 기준 변동예산=표준원가 배부액

표준원가계산을 하는 경우 모든 제품원가를 표준원가 배부액(=SQ×SP)으로 기록한다. **변동원가는 산출량 기준 변동예산도 SQ×SP이므로 표준원가 배부액과 같다.** 따라서 차이 분석을 할 때 굳이 표준원가 배부액을 표시하지 않고 세 줄로 써서 가격차이와 능률차이를 분석하였다.

(2) 고정OH: 산출량 기준 변동예산=투입량 기준 변동예산≠표준원가 배부액

조업도가 바뀌더라도 고정OH는 고정원가이므로 불변이다. 따라서 고정OH는 투입량 기준 변동예산과 산출량 기준 변동예산 모두 예산액이 대입되며, 고정OH에서는 능률차이가 발생하지 않는다. 한편, 표준원가 배부액은 무조건 SQ×SP이므로 고정OH 예산과 다르다.

2. 고정제조간접원가 차이분석

위에 있는 표에서 같은 금액을 없애면서 표준원가 배부액을 왼쪽으로 당기면 다음과 같이 표를 간단하게 만들 수 있다. 변동원가의 경우 지금까지 분석했던 세 줄로 표시된다.

	왼쪽		가운데		오른쪽
변동원가	AQ×AP	가격차이	AQ×SP	능률차이	SQ×SP
고정OH	실제 발생액	예산차이	고정OH 예산액	조업도차이	SQ×SP

고정OH는 세 줄을 다음과 같이 채운다.

STEP 1 왼쪽: 실제 발생액

왼쪽에는 다른 원가와 마찬가지로 실제 발생액을 대입한다.

STEP 2 가운데: 예산액=기준조업도×SP

가운데에는 고정OH 예산액을 대입한다. 문제에서 예산을 직접 주면 바로 대입하면 되는데, 주지 않는 경우에는 '기준조업도×SP'의 방식으로 구해서 대입하면 된다.

STEP 3 오른쪽: SQ×SP

다음 방식으로 SP와 SQ를 결정하여 둘을 곱하면 배부액을 계산할 수 있다.

SP	고정OH 예산÷기준조업도 (단, 기준조업도=기준생산량×단위당 표준시간)
SQ	**실제 생산량**×제품당 표준시간

(1) 기준조업도
고정OH의 기준조업도는 주로 직접노무시간, 기계시간 등의 시간으로 제시된다. 대부분의 문제에서는 기준조업도를 직접 제시하나, 기준조업도를 제시하지 않는 경우에는 기준 생산량에 제품 단위당 표준시간을 곱해서 구하면 된다.

(2) SP와 SQ
기준조업도가 시간이므로 SP는 **'시간당'** 고정OH이며, SQ도 시간이다. 변동원가 차이분석 시와 마찬가지로 실제 생산량에 제품당 표준시간을 곱하면 SQ를 구할 수 있다.

STEP 4 차이 계산하기

(1) 예산차이

> 예산차이=고정OH 실제발생액-고정OH 예산액

예산차이는 고정OH 차이분석표의 왼쪽 줄과 가운데 줄의 차이이다. 실제발생액과 예산의 차이이기 때문에 '예산'차이라고 부른다.

(2) 조업도차이

$$조업도차이 = \underline{예산액} - SQ \times SP = (기준조업도 - SQ) \times SP$$
$$기준조업도 \times SP$$

조업도차이는 고정OH 차이분석표의 가운데 줄과 오른쪽 줄의 차이이다. 기준조업도와 SQ의 차이로 인해 발생하는 차이이므로, '조업도'차이라고 부른다.

3. 제조간접원가에 대한 여러 가지 차이분석

제조간접원가에는 변동제조간접원가와 고정제조간접원가가 있는데, 원가별로 존재하는 차이가 각각 다르기 때문에 이를 구분하여 표시할 수도 있고, 통합하여 표시할 수도 있다.

(1) 4분법

	왼쪽		가운데		오른쪽
변동OH	AQ×AP	소비차이	AQ×SP	능률차이	SQ×SP
고정OH	실제 발생액	예산차이	고정OH 예산액	조업도차이	SQ×SP

4분법은 변동OH의 소비차이와 능률차이, 고정OH의 예산차이와 조업도차이를 모두 구분하는 방법을 말한다.

(2) 3분법

	왼쪽		가운데		오른쪽
변동OH	AQ×AP	소비차이	AQ×SP	능률차이	SQ×SP
고정OH	실제 발생액		고정OH 예산액	조업도차이	SQ×SP

3분법은 변동OH의 소비차이와 고정OH의 예산차이를 통합하여 소비차이로 분류하는 방법을 말한다. 이외에도 2분법과 1분법도 있지만, 본서에서는 생략한다.

예제

1. 단일 제품을 제조·판매하는 (주)세무의 20X1년 관련 자료는 다음과 같다. (주)세무가 고정제조간접원가 표준배부율을 계산할 때 사용한 연간 예산 고정제조간접원가는? 2017. CTA

실제 제품생산량	45,000단위
제품단위당 표준직접노무시간	2시간
예상 총직접노무시간(기준 조업도)	72,000시간
실제발생 고정제조간접원가	₩66,000
조업도차이	₩16,200 (유리)

① ₩62,600　　　　② ₩64,800　　　　③ ₩66,000
④ ₩68,400　　　　⑤ ₩70,200

해설

01.

	실제 발생액		예산액		SQ × SP
고정OH		예산차이	64,800	조업도차이 16,200 유	90,000×0.9 =81,000

SQ: 실제 생산량×제품당 표준시간=45,000단위×2시간=90,000시간
SP: 조업도차이/(SQ-기준조업도)=16,200/(90,000-72,000)=0.9
예산 고정OH: 기준조업도×SP=72,000시간×0.9=**64,800**

답 ②

2. (주)대한은 표준원가계산제도를 채택하고 있으며, 20X1년도 생산 및 제조와 관련된 자료는 다음과 같다.

직접재료 구매량	3,100kg
직접재료 실제사용량	2,900kg
직접재료 단위당 표준사용량	3kg
직접재료 단위당 표준가격	₩50/kg
직접재료 단위당 실제가격	₩60/kg
예상(기준)생산량	800개
실제생산량	1,000개
제조간접원가예산액(Y)	Y=₩700,000+₩500×기계시간
제품단위당 표준기계시간	7시간
실제총기계시간	8,000시간
기계시간당 실제변동제조간접원가	₩470/기계시간
실제고정제조간접원가	₩820,000

(주)대한의 20X1년도 직접재료원가 가격차이(구매량기준), 직접재료원가 수량차이, 변동제조간접원가 소비차이, 변동제조간접원가 능률차이, 고정제조간접원가 조업도차이 중 **옳지 않은** 것은?

2020. CPA

① 직접재료원가 가격차이(구매량기준): ₩31,000(불리한 차이)

② 직접재료원가 수량차이: ₩5,000(유리한 차이)

③ 변동제조간접원가 소비차이: ₩240,000(유리한 차이)

④ 변동제조간접원가 능률차이: ₩500,000(불리한 차이)

⑤ 고정제조간접원가 조업도차이: ₩120,000(불리한 차이)

해설

02.

	AQ × AP		AQ × SP		SQ × SP
DM(구입)	3,100kg×60 =186,000	①가격차이 31,000 불	3,100kg×50 =155,000		
DM(사용)			2,900kg×50 =145,000	②수량차이 5,000 유	3,000kg×50 =150,000
변동OH	8,000×470 =3,760,000	③소비차이 240,000 유	8,000×500 =4,000,000	④능률차이 500,000 불	7,000×500 =3,500,000
고정OH	820,000	예산차이 120,000 불	700,000	⑤조업도차이 175,000 유	7,000×125 =875,000

(1) SQ

　DM: 1,000개×3kg=3,000kg

　OH: 1,000개×7시간=7,000시간

(2) 고정OH의 SP: 700,000/5,600=125

　– 기준조업도: 800개×7시간=5,600시간

답 ⑤

패턴 21 정상원가계산

1. 정상원가계산 풀이법

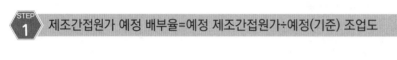

STEP 1 제조간접원가 예정 배부율=예정 제조간접원가÷예정(기준) 조업도

STEP 2 제조간접원가 예정 배부액=실제 조업도×예정 배부율

STEP 3 배부차이=예정 배부액−실제 제조간접원가

(1) 예정 배부액〉실제 발생액: 과대 배부
(2) 예정 배부액〈실제 발생액: 과소 배부

STEP 4 배부차이 조정

(1) **매출원가 조정법**: 배부차이를 전부 **매출원가**에 반영
(2) **총원가비례법** vs 원가요소비례법

총원가비례법	원가요소비례법
배부차이를 재공품, 제품, 매출원가에 집계된 **총원가의 비율**에 따라 반영.	배부차이를 재공품, 제품, 매출원가에 집계된 **제조간접원가의 비율**에 따라 반영.
실제원가계산을 적용한 것과 '유사한' 결과	실제원가계산을 적용한 것과 '동일한' 결과

2. 제조원가의 흐름과 정상원가계산 중요!

	가산		차감		
원재료	기초 매입액	XXX XXX	기말	XXX	⌐ DM
가공원가	DL OH	XXX A			⌐ 당기총제조원가
재공품	기초	XXX	기말	B	⌐ 당기제품제조원가
제품	기초	XXX	기말	B	⌐ 매출원가 B

정상원가계산을 적용하는 회사의 원재료, 재공품, 제품의 기초/기말 잔액을 제시하면서 위 표에 있는 금액을 묻는 문제가 종종 출제된다. 이러한 유형에서는 재공품, 제품, 매출원가에 어느 금액을 대입할 것인지가 관건이다. 이는 OH에 어느 금액을 대입하느냐에 따라 결정된다.

OH(A)	기말재공품, 기말제품, 매출원가(B)
예정 배부액	배부차이 조정 전 금액
실제 발생액	배부차이 조정 후 금액

OH 예정 배부액을 대입하면 배부차이가 존재하는 상황이므로 배부차이 조정 전 금액을 대입해야 한다. 반면, OH 실제 발생액을 대입하면 배부차이가 없으므로 배부차이 조정 후 금액을 대입해야 한다.

예제

1. (주)세무는 정상원가계산을 사용하고 있으며, 직접노무시간을 기준으로 제조간접원가를 예정배부하고 있다. (주)세무의 20X1년도 연간 제조간접원가 예산은 ₩144,000이고, 실제 발생한 제조간접원가는 ₩145,000이다. 20X1년도 연간 예정조업도는 16,000직접노무시간이고, 실제 사용한 직접노무시간은 17,000시간이다. 20X1년 말 제조간접원가 배부차이 조정전 재공품, 제품 및 매출원가의 잔액은 다음과 같다.

• 재 공 품	₩50,000
• 제 품	150,000
• 매출원가	800,000

(주)세무는 제조간접원가 배부차이를 재공품, 제품 및 매출원가의 (제조간접원가 배부차이 조정전) 기말잔액 비율에 따라 조정한다. 이 경우 제조간접원가 배부차이를 매출원가에 전액 조정하는 방법에 비해 증가(혹은 감소)되는 영업이익은 얼마인가? (단, 기초재고는 없다.) 2014. CTA

① ₩1,200 감소   ② ₩1,200 증가   ③ ₩1,600 감소
④ ₩1,600 증가   ⑤ ₩1,800 증가

해설

01.

(1) 배부차이

예정 배부율: 144,000/16,000시간=9/시간
예정 배부액: 17,000시간×9=153,000
배부차이: 153,000-145,000=8,000 과대배부

(2) 매출원가 조정법

	재공품	제품	매출원가	계
조정 전 배부차이	50,000	150,000	800,000 (8,000)	1,000,000 (8,000)
계	50,000	150,000	792,000	992,000

(3) 총원가비례법

	재공품	제품	매출원가	계
조정 전 배부차이	50,000 (400)	150,000 (1,200)	800,000 (6,400)	1,000,000 (8,000)
계	49,600	148,800	793,600	992,000

(4) 영업이익 차이: 792,000-793,600=1,600 감소
- 매출원가 조정법에 비해 매출원가가 크므로 영업이익은 감소한다.

답 ③

2. (주)대한은 20X3년 초에 설립되었으며, 정상원가계산제도를 채택하고 있다. (주)대한은 제조간접원가를 예정배부하며, 예정배부율은 직접노무원가의 80%이다. 제조간접원가 배부차이는 전액 매출원가에서 조정한다. 당기에 실제로 발생한 직접재료원가는 ₩50,000, 직접노무원가와 제조간접원가는 각각 ₩50,000과 ₩30,000이다. 기말재공품에는 직접재료원가 ₩10,000과 제조간접원가 배부액 ₩8,000이 포함되어 있다. 제조간접원가 배부차이를 조정한 후 매출원가가 ₩100,000이라면, 20X3년 기말제품원가는 얼마인가? 2023. CPA

① ₩0　　　　　　　② ₩2,000　　　　　　　③ ₩8,000

④ ₩10,000　　　　　⑤ ₩12,000

 해설

02.

	가산		차감		
원재료	기초 매입액	– 	기말		┘ DM 50,000
가공원가	DL OH	50,000 30,000			┘ 당기총제조원가
재공품	기초	–	기말	28,000	┘ 당기제품제조원가
제품	기초	–	기말	**2,000**	┘ 매출원가 100,000

X3년에 설립되었으므로 기초 재고는 없다.

(1) 기말 재공품원가

	재공품
DM	10,000
DL	8,000/80%=10,000
OH	8,000
계	28,000

매출원가 조정법을 적용하고 있으므로 재공품원가는 배부차이 조정 전, 후 금액이 같다.

(2) 기말 제품원가

DM+DL+OH=기말 재공품+기말 제품원가+매출원가

50,000+50,000+30,000=28,000+기말 제품원가+100,000

→ 기말 제품원가=**2,000**

참고 배부차이

예정 배부액: 실제 DL×80%=50,000×80%=40,000

배부차이: 배부액-실제 OH=40,000-30,000=10,000 과대배부

답 ②

패턴 22 정상개별원가계산

1. 개별원가계산

개별원가계산은 조선업, 항공기업과 같이 작업별로 제품이 이질적인 경우 각 작업별로 원가를 집계하는 원가 계산 방법이다. DM, DL은 직접원가로서 각 작업에 직접 추적이 가능하므로, 개별원가계산 시 작업별로 발생한 원가를 집계한다. 한편, OH는 간접원가이므로 각 작업에 직접 추적이 불가능하며, 적절한 배부기준을 선정하여 계산한 배부율에 따라 배부한다. 이때, 어떤 배부율로 배부하느냐에 따라 개별원가계산은 실제개별원가계산과 정상개별원가계산으로 구분된다.

	OH 배부율
실제개별원가계산	**실제** OH/**실제** 배부기준 수
정상개별원가계산	**예정** OH/**예정** 배부기준 수

실제개별원가계산은 출제빈도가 낮으므로 본서에서는 정상개별원가계산만 다룬다. 정상개별원가계산은 이전 패턴에서 배운 정상원가계산을 각 작업별로 적용하는 것이라고 생각하면 된다.

2. 미완성된 작업, 완성되었지만 판매되지 않은 작업, 판매된 작업의 의미

미완성된 작업	기말 재공품
완성되었지만 판매되지 않은 작업	기말 제품
판매된 작업	매출원가

기말 현재 #101은 미완성되었고, #102와 #103이 완성되어 #103이 판매되었다고 가정하면, 각 작업의 원가는 다음과 같이 분류된다.

#101	#102	#103
기말 재공품	기말 제품	매출원가

1. (주)한국은 20X1년 1월초에 영업을 개시하였다. 회사는 정상개별원가계산을 사용하고 있으며, 제조간접원가 배부기준은 직접노무시간이다. 회사는 당기초에 연간 제조간접원가를 ₩640,000으로, 직접노무시간을 80,000시간으로 예상하였다. (주)한국의 20X1년 1월의 생산 및 판매 관련 자료는 다음과 같다.

> • 1월 중 작업 #101, #102, #103을 착수하였는데, 당월 중 작업별 실제 발생한 제조직접원가와 실제 사용된 직접노무시간은 다음과 같다.
>
> | 구분 | #101 | #102 | #103 | 합계 |
> |---|---|---|---|---|
> | 직접재료원가 | ₩34,000 | ₩39,000 | ₩13,000 | ₩86,000 |
> | 직접노무원가 | ₩16,000 | ₩20,600 | ₩1,800 | ₩38,400 |
> | 직접노무시간 | 2,750시간 | 3,800시간 | 400시간 | 6,950시간 |
>
> • 1월 중 실제 발생한 제조간접원가는 총 ₩51,600이다.
> • 1월 중 작업 #101과 #102는 완성되었으나, 작업 #103은 1월말 현재 작업 중이다.
> • 작업 #101은 1월 중에 판매되었으나, 작업 #102는 1월말 현재 판매되지 않았다.

총원가기준 비례배부법으로 배부차이 조정 후 20X1년 1월말 재공품 및 제품, 그리고 20X1년 1월 매출원가는?

2017. CPA

	재공품	제품	매출원가
①	₩17,600	₩86,000	₩72,400
②	₩17,600	₩88,000	₩70,400
③	₩17,600	₩92,000	₩66,400
④	₩18,400	₩92,000	₩73,600
⑤	₩18,400	₩85,200	₩72,400

해설

01.

(1) 배부차이

예정 배부율: 640,000/80,000시간=8/시간

예정 배부액: 6,950시간×8=55,600

배부차이: 55,600−51,600=4,000 과대배부

(2) 배부차이 조정 (총원가비례법)

	#101(매출원가)	#102(제품)	#103(재공품)	계
DM	34,000	39,000	13,000	86,000
DL	16,000	20,600	1,800	38,400
OH	2,750×8=22,000	3,800×8=30,400	400×8=3,200	55,600
조정 전	72,000	90,000	18,000	180,000
배부차이	(1,600)	(2,000)	(400)	(4,000)
조정 후	**70,400**	**88,000**	**17,600**	176,000

답 ②

---

2. (주)대한은 정상개별원가계산을 사용하고 있으며, 제조간접원가 배부기준은 기본원가(prime costs)이다. 20X1년 제조간접원가 예정배부율은 기본원가의 40%이었다. 20X1년도 생산 및 판매 자료는 다음과 같다.

(1) 기초재고자산 중 재공품 및 제품의 작업별 원가는 다음과 같다.

항목	기초재공품		기초제품
	작업#102	작업#103	작업#101
기본원가	₩4,000	₩3,500	₩5,000
제조간접원가	2,000	1,750	2,500
합계	₩6,000	₩5,250	₩7,500

(2) 당기에 작업 #102와 #103에 소비된 기본원가는 각각 ₩1,500과 ₩1,000이었다.

(3) 당기에 신규로 착수된 작업은 없었고, 작업 #102와 #103은 완성되었다.

(4) 당기에 작업 #101과 #102는 각각 ₩8,300과 ₩10,000에 판매되었다.

(5) 당기에 제조간접원가 실제발생액은 ₩1,250이었다.

(6) (주)대한은 배부차이를 원가요소기준비례배부법으로 조정한다.

배부차이 조정 후 매출총이익은 얼마인가?   2019. CPA

① ₩2,210   ② ₩2,320   ③ ₩2,440

④ ₩2,520   ⑤ ₩2,550

해설

02.

(1) 배부차이

예정 배부액: 기본원가×40%=(1,500+1,000)×40%=1,000

배부차이: 1,000-1,250=250 과소배부

(2) 배부차이 조정 (원가요소비례법)

	#102(매출원가)	#103(제품)	#101(매출원가)
기초 기본원가 OH	6,000 1,500 600	5,250 1,000 400	7,500
조정 전 배부차이	8,100 150	6,650 100	7,500
조정 후	8,250	6,750	7,500

#101: #101은 기초제품으로, 작년에 완성이 되었다. 당기에 발생한 OH는 #101에 배부되지 않았으므로, #101에 배부차이가 존재하지 않는다. 따라서 당기에는 #101에 배부차이를 조정하지 않는다. (작년에 배부차이 조정을 완료했을 것이다.)

#102: 250×600/1,000=150

#103: 250×400/1,000=100

(3) 매출총이익: 매출액-매출원가=(8,300+10,000)-(8,250+7,500)=**2,550**

답⑤

1. 용어 설명

매출차이분석 시 사용하는 용어의 정의이다. 매출을 분석하므로 Q는 생산량이 아닌 판매량을 의미하며, P는 단위당 판매가격을 의미한다.

AQ	실제 판매량
SQ	예산 판매량
AP	실제 단위당 판매가격
SP	예산 단위당 판매가격

2. 매출가격차이

AQ×AP	AQ×SP

└ 매출가격차이 ┘

매출가격차이란 실제 판매가격이 예산 판매가격과 달라서 발생하는 매출액의 차이를 말한다. 판매가격의 차이를 분석해야 하므로 매출가격차이는 'AQ×AP-AQ×SP'의 방식으로 계산하며, SQ는 사용되지 않는다.

3. 매출조업도차이의 구분: 매출배합차이와 매출수량차이

AQ×단위당 예산공헌이익	실제판매량 계 ×예산비율 ×단위당 예산공헌이익	SQ×단위당 예산공헌이익

    └ 매출배합차이 ┘   └ 매출수량차이 ┘

          └ 매출조업도차이 ┘

(1) 매출조업도차이: AQ×단위당 예산공헌이익−SQ×단위당 예산공헌이익

매출조업도차이란 변동예산 상의 공헌이익과 고정예산 상의 공헌이익의 차이를 말한다. 변동예산도 조업도만 실제 조업도를 사용하고 나머지는 전부 예산상의 수치를 이용하므로, AQ에 단위당 '예산'공헌이익을 곱한다.

판매하는 제품이 두 개인 경우 매출조업도차이는 다음과 같이 매출배합차이와 매출수량차이로 구분할 수 있다. 이는 원가 차이 분석에서 배운 배합차이와 수율차이와 유사하다.

(2) 매출배합차이: AQ×단위당 예산공헌이익−실제판매량 계×예산비율×단위당 예산공헌이익

(AQ=실제판매량 계×실제비율)

(3) 매출수량차이: 실제판매량 계×예산비율×단위당 예산공헌이익−SQ×단위당 예산공헌이익

(SQ=예산판매량계×예산판매비율)

4. 매출수량차이의 구분: 시장점유율차이와 시장규모차이

매출수량차이는 실제판매량 계가 예산판매량 계와 달라서 발생하는 차이인데, 이는 다시 한번 시장점유율차이와 시장규모차이로 구분할 수 있다.

실제시장규모 ×실제시장점유율 ×가중평균 단위당 예산공헌이익	실제시장규모 ×예산시장점유율 ×가중평균 단위당 예산공헌이익	예산시장규모 ×예산시장점유율 ×가중평균 단위당 예산공헌이익

└ 시장점유율차이 ┘ └ 시장규모차이 ┘
└ 매출수량차이 ┘

실제판매량 계는 '실제시장규모×실제시장점유율'로 표시할 수 있는데, 여기에서 실제시장점유율을 예산시장점유율로 대체하면 가운데 금액을 구할 수 있다.

> **주의** 매출차이: 왼쪽이 크면 유리 (↔원가차이: 왼쪽이 크면 불리) ★중요!
>
> 원가는 왼쪽이 크면 돈을 생각보다 많이 썼다는 의미이므로, 불리한 차이이다. 반면, **매출은 왼쪽이 크면 돈을 생각보다 많이 벌었다는 의미이므로, 유리한 차이이다**. 원가와 부호가 반대이므로 주의하자.

 차이분석 종합 ★중요!

(1) 제조원가

	AQ×AP	AQ×SP	실제투입량계 ×표준비율×SP		SQ×SP
DM, DL	가격차이		배합차이	수율차이	
			능률차이		
변동OH	소비차이	능률차이			
고정OH	예산차이	조업도차이			

(2) 매출가격차이

AQ × AP	AQ × SP
매출가격차이	

(3) 공헌이익 차이

AQ×단위당 예산공헌이익	실제판매량 계 ×예산비율 ×단위당 예산공헌이익	실제시장규모 ×예산시장점유율 ×가중평균 단위당 예산공헌이익		SQ×단위당 예 산공헌이익
매출배합차이		시장점유율차이	시장규모차이	
		매출수량차이		
매출조업도차이				

예제

1. 상호 대체가능한 제품P와 제품Q 두 가지 종류만을 판매하는 (주)한국에 대한 20X1 회계연도 자료는 다음과 같다.

구 분	제품P	제품Q
예산판매수량	800단위	1,200단위
실제판매수량	500단위	2,000단위
단위당 예산판매가격	₩50	₩20
단위당 실제판매가격	₩55	₩18
단위당 표준변동원가	₩30	₩16
단위당 실제변동원가	₩32	₩15

(주)한국의 20X1 회계연도 매출배합차이와 매출수량차이를 계산하면 각각 얼마인가? 2015. CPA

	매출배합차이	매출수량차이
①	₩8,000 유리	₩5,200 불리
②	₩8,000 유리	₩5,200 유리
③	₩5,200 불리	₩8,000 불리
④	₩5,200 유리	₩8,000 불리
⑤	₩8,000 불리	₩5,200 유리

해설

01.

	AQ×단위당 예산공헌이익	매출배합차이	실제판매량 계 ×예산배합비율 ×단위당 예산공헌이익	매출수량차이	예산판매량 × 단위당 예산공헌이익
P	500×20 =10,000		2,500×0.4×20 =20,000		800×20 =16,000
Q	2,000×4 =8,000		2,500×0.6×4 =6,000		1,200×4 =4,800
계	18,000	**8,000 불**	26,000	**5,200 유**	20,800

답을 ①번으로 고르지 않도록 주의하자. 왼쪽이 크면 유리이다.

답 ⑤

2. (주)대한은 20X1년 실제결과와 고정예산을 비교하기 위해 다음과 같은 자료를 작성하였다.

구분	실제결과	고정예산
판매량	30,000단위	25,000단위
매출액	₩1,560,000	₩1,250,000
변동원가		
제조원가	900,000	625,000
판매관리비	210,000	125,000
공헌이익	₩450,000	₩500,000
고정원가		
제조원가	47,500	37,500
판매관리비	62,500	62,500
영업이익	₩340,000	₩400,000

(주)대한은 20X1년 시장규모를 250,000단위로 예측했으나, 실제 시장규모는 400,000 단위로 집계되었다. (주)대한은 20X1년도 실제 판매량이 고정예산 판매량보다 증가하였으나, 영업이익은 오히려 감소한 원인을 파악하고자 한다. 이를 위해 매출가격차이(sales price variance), 시장점유율차이, 시장규모차이를 계산하면 각각 얼마인가? 단, U는 불리한 차이, F는 유리한 차이를 의미한다.

2022. CPA

	매출가격차이	시장점유율차이	시장규모차이
①	₩60,000 F	₩200,000 U	₩300,000 F
②	₩60,000 U	₩200,000 F	₩300,000 U
③	₩60,000 F	₩300,000 U	₩400,000 F
④	₩80,000 F	₩200,000 U	₩300,000 F
⑤	₩80,000 U	₩300,000 F	₩400,000 U

해설

02.

AQ × AP	매출가격차이	AQ × SP
=1,560,000	**60,000 유**	30,000×50 =1,500,000

실제시장규모 ×실제시장점유율 ×가중평균 단위당 예산공헌이익	시장점유율 차이	실제시장규모 ×예산시장점유율 ×가중평균 단위당 예산공헌이익	시장규모 차이	예산시장규모 ×예산시장점유율 ×가중평균 단위당 예산공헌이익
30,000×20 =600,000	**200,000 불**	400,000×10%×20 =800,000	**300,000 유**	250,000×10%×20 =500,000

매출수량차이

– 단위당 예산공헌이익: 500,000/25,000단위=20

– 제품이 하나이므로 가중평균할 필요 없이 단위당 예산공헌이익을 대입하면 된다.

답 ①

패턴

24 투자중심점의 성과평가

▶▶ 김용재 패턴 회계학 원가관리회계편

1. 투자수익률(ROI) 및 잔여이익(RI)

	공식	투자안 채택 상황
ROI	이익/투자액	투자안의 ROI > 투자 전 ROI
RI	영업이익-투자액×최저필수수익률	투자안의 RI > 0

(1) 공식

어느 문제에서는 이익에 영업이익을 대입하기도 하고, 당기순이익을 대입하기도 한다. 투자액도 총자산을 대입하기도 하고, 영업자산을 대입하기도 한다. ROI, RI는 기준서에 서술되어 있는 것이 아니기 때문에 정확한 공식이 존재하지 않으며, 문제마다 공식을 계산하는 방법이 다르다. 따라서 **문제에 제시된 금액을 보고 결정해야 한다.**

(2) 준최적화 현상

준최적화 현상이란, 회사 전체적으로는 유리한 투자안임에도 불구하고 ROI와 같은 성과지표가 떨어지는 것을 막기 위하여 투자안을 기각하는 것을 말한다. 예를 들어, RI가 0보다 큰 투자안은 회사 전체적인 관점으로 볼 때 채택해야 한다. 하지만 해당 투자안의 ROI가 투자 전의 ROI보다 작은 경우 투자 후에 ROI가 감소하므로 투자중심점의 경영자는 투자안을 기각하는 문제가 있다. 이러한 준최적화 현상은 ROI 적용 시 발생하는 한계이며, RI로 성과평가를 함으로써 극복할 수 있다.

2. 경제적 부가가치(EVA)=영업이익×(1-법인세율)-투하자본×가중평균자본비용

(1) 투하자본: 총자산-유동부채

(2) 가중평균자본비용(WACC)

$$= k_d \times (1-t) \times \frac{B}{B+S} + k_e \times \frac{S}{B+S}$$

=타인자본비용×(1-법인세율)×부채/(부채+자본)+자기자본비용×자본/(부채+자본)

-부채, 자본은 **시장가치** 대입

예제

1. (주)대한의 A사업부는 단일제품을 생산 및 판매하는 투자중심점이다. A사업부에 대해 요구되는 최저필수수익률은 15%, 가중평균자본비용은 10%, 그리고 법인세율은 40%이다. 다음은 20X3년도 (주)대한의 A사업부에 관한 예산자료이다.

> · A사업부의 연간 총고정원가는 ₩400,000이다.
> · 제품 단위당 판매가격은 ₩550이다.
> · 제품 단위당 변동원가는 ₩200이다.
> · 제품의 연간 생산 및 판매량은 각각 2,000단위이다.
> · A사업부에 투자된 평균영업자산과 투하자본은 각각 ₩1,000,000이다.

A사업부의 잔여이익(RI)과 경제적 부가가치(EVA)는 각각 얼마인가?   2023. CPA

	잔여이익	경제적 부가가치
①	₩150,000	₩80,000
②	₩150,000	₩90,000
③	₩150,000	₩100,000
④	₩140,000	₩80,000
⑤	₩140,000	₩90,000

해설

01.

공헌이익	(550-200)×2,000단위=	700,000
고정원가		(400,000)
영업이익		300,000

(1) RI=영업이익-투자액×최저필수수익률
    =300,000-1,000,000×15%=**150,000**

(2) EVA=영업이익×(1-법인세율)-투하자본×가중평균자본비용
    =300,000×(1-40%)-1,000,000×10%=**80,000**

답 ①

2.　(주)세무는 전자제품을 생산·판매하는 회사로서, 세 개의 사업부 A, B, C는 모두 투자중심점으로 설계·운영되고 있다. 회사 및 각 사업부의 최저필수수익률은 20%이며, 각 사업부의 20X1년도 매출액, 영업이익 및 영업자산에 관한 자료는 다음과 같다.

	사업부 A	사업부 B	사업부 C
매출액	₩400,000	₩500,000	₩300,000
영업이익	32,000	30,000	21,000
평균영업자산	100,000	50,000	50,000

현재 사업부 A는 ₩40,000을 투자하면 연간 ₩10,000의 영업이익을 추가로 얻을 수 있는 새로운 투자안을 고려하고 있다. 이 새로운 투자에 소요되는 예산은 현재의 자본비용 수준으로 조달할 수 있다. (주)세무가 투자수익률 혹은 잔여이익으로 사업부를 평가하는 경우, 다음 설명 중 옳지 않은 것은?　　　　　2014. CTA

① 투자수익률로 사업부를 평가하는 경우, 20X1년에는 사업부 B가 가장 우수하다.

② 잔여이익으로 사업부를 평가하는 경우, 20X1년에는 사업부 B가 가장 우수하다.

③ 잔여이익으로 사업부를 평가하는 경우, 사업부 A의 경영자는 동 사업부가 현재 고려 중인 투자안을 채택할 것이다.

④ 투자수익률로 사업부를 평가하는 경우, 사업부 A의 경영자는 동 사업부가 현재 고려 중인 투자안을 채택할 것이다.

⑤ 투자수익률 혹은 잔여이익 중 어느 것으로 사업부를 평가하는 경우라도, 회사전체 관점에서는 사업부 A가 고려 중인 투자안을 채택하는 것이 유리하다.

해설

02.

(1) X1년도 성과평가

	투자수익률 =영업이익/평균영업자산	잔여이익=영업이익 -평균영업자산×최저필수수익률
사업부 A	32,000/100,000=32%	32,000-100,000×20%=12,000
사업부 B	30,000/50,000=60% (선택)	30,000-50,000×20%=20,000 (선택)
사업부 C	21,000/50,000=42%	21,000-50,000×20%=11,000

①, ② 투자수익률로 사업부를 평가하는 경우와 잔여이익으로 사업부를 평가하는 경우 모두 20X1년에는 사업부 B 가 가장 우수하다.

(2) 투자안 평가

	투자수익률	잔여이익
투자 전 A	32%	12,000
투자 후 A	42,000/140,000=30% (기각)	42,000-140,000×20%=14,000 (채택)

③ 잔여이익으로 사업부를 평가하는 경우 사업부 A: 채택

④ 투자수익률로 사업부를 평가하는 경우 사업부 A: **기각**

⑤ 회사전체 관점

투자안의 잔여이익: 10,000-40,000×20%=2,000 > 0 (채택)

– 준최적화 현상이 발생하고 있는 상황이다. 사업부의 성과평가를 어떻게 하든 관계없이, 회사 전체 관점에서는 잔여이익이 증가하면 투자안을 채택해야 한다.

답 ④

패턴

25 활동기준원가계산

1. 활동기준원가계산의 의의

활동기준원가계산(ABC, Activity-Based Costing)이란 제조기술이 발달되고 공장이 자동화되면서 증가되는 제조간접원가를 정확하게 제품에 배부하고 효과적으로 관리하기 위한 원가계산기법으로, 제조간접원가를 활동별로 집계한 뒤 각 제품이 소비한 활동량에 따라 제조간접원가를 배부하는 계산방식이다.

| 자원(원가) | ⇒ | 활동 | ⇒ | 제품 |

ABC의 원가 집계 과정은 위 그림처럼 진행되며, '**활동은 자원을 소비하고, 제품은 활동을 소비한다.**'라고 표현한다. 제품이 자원을 직접 소비하는 것이 아니라 원가를 활동에 우선 집계한 뒤, 각 제품별로 활동 소비량에 따라 원가를 배부하기 때문이다.

2. 활동기준원가계산 풀이법

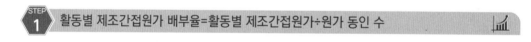

STEP 1 활동별 제조간접원가 배부율=활동별 제조간접원가÷원가 동인 수

STEP 2 제품별 제조간접원가 배부액=Σ 활동별 제조간접원가 배부율×제품별 원가 동인 수

1. 상품매매기업인 (주)세무는 활동기준원가계산에 의하여 간접원가를 고객별로 배부한다. 활동기준원가계산을 적용하기 위해 20X1년도 초에 수집한 연간 예산 및 관련 자료는 다음과 같다.

---

1. 간접원가 연간 자료:

구 분	금 액
급여	₩250,000
마케팅비	160,000
계	₩410,000

2. 자원소비단위(활동)별 간접원가 배부비율:

구 분	주문처리	고객지원	배부불능*	계
급여	20%	70%	10%	100%
마케팅비	10%	80%	10%	100%

* 배부불능은 활동별로 배부되지 않은 원가로 기업전체 수준으로 배부되며 고객별로 배부되지는 않는다.

3. 활동별 원가동인과 연간 활동량:

활 동	원가동인	활동량
주문처리	주문횟수	4,000회
고객지원	고객수	40명

20X1년 중 고객 A가 6회 주문할 경우, 이 고객에게 배부될 간접원가 총액은 얼마인가? 2014. CTA

① ₩7,674   ② ₩7,774   ③ ₩7,874

④ ₩7,974   ⑤ ₩8,074

🕐 해설

01.

(1) 활동별 간접원가 배부액

	주문처리	고객지원	배부불능	계
급여	50,000	175,000	25,000	250,000
마케팅비	16,000	128,000	16,000	160,000
계	66,000	303,000	41,000	410,000

(2) 활동별 간접원가 배부율
   주문처리: 66,000/4,000회=16.5/회
   고객지원: 303,000/40명=7,575/명

(3) 고객 A에 배부될 간접원가 총액

주문처리	16.5×6회=	99
고객지원	7,575×1명=	7,575
총 간접원가		**7,674**

답 ①

2. (주)하나는 당기에 제품 A를 1,500단위, 제품 B를 1,000단위, 제품 C를 500단위 생산하였으며, 이와 관련하여 기계절삭작업에 ₩100,000, 조립작업에 ₩80,000, 품질검사에 ₩40,000의 제조간접원가가 소요되었다. 당사는 활동기준원가계산을 시행하고 있으며, 관련 자료는 아래와 같다. 다음 중 **옳지 않은** 것은? 2013. CPA

구 분	원가동인	제품 A	제품 B	제품 C
기계절삭작업	기계시간	2,240	3,380	4,380
조립작업	조립시간	330	660	1,010
품질검사	횟 수	12	13	15

① 제품 B 전체에 배부되는 기계절삭작업 활동원가는 제품 A 전체에 배부되는 기계절삭작업 활동원가의 약 1.5배이다.

② 제품 B 전체에 배부되는 조립작업 활동원가보다 제품 C 전체에 배부되는 조립작업 활동원가가 더 크다.

③ 제품 A 전체에 배부되는 품질검사 활동원가보다 제품 C 전체에 배부되는 품질검사 활동원가가 25% 더 크다.

④ 제품 단위당 총활동원가가 가장 큰 것은 제품 C이다.

⑤ 각 제품의 단위당 활동원가를 계산하면 제품 A는 ₩31.73, 제품 B는 ₩73.20, 제품 C는 ₩138.40이다.

🕐 해설

02.

(1) 활동별 제조간접원가 배부율

기계절삭작업: 100,000/10,000기계시간=10/기계시간

조립작업: 80,000/2,000조립시간=40/조립시간

품질검사: 40,000/40회=1,000/회

(2) 제품별 제조간접원가 배부액

	A	B	C	계
기계절삭작업	22,400	33,800	43,800	100,000
조립작업	13,200	26,400	40,400	80,000
품질검사	12,000	13,000	15,000	40,000
계	47,600	73,200	99,200	220,000

(3) 정답 찾기

① 33,800/22,400≒1.5 (O)

② 26,400 〈 40,400 (O)

③ 15,000/12,000=1.25 (O)

④ 제품 단위당 총활동원가가 가장 큰 것은 제품 C이다. (O)

⑤ 제품별 단위당 활동원가

A: 47,600/1,500단위=31.73

B: 73,200/1,000단위=73.2

C: 99,200/500단위=198.4 (X)

 ⑤

패턴 26 활동기준원가계산 말문제

▶▶ 김용재 패턴 회계학 원가관리회계편

1. 전통적 원가계산 vs 활동기준원가계산

	전통적 원가계산	활동기준원가계산
자원 소비 주체	제품이 자원을 소비한다.	활동이 자원을 소비하고, 제품은 활동을 소비한다.
OH	생산량에 비례	다양한 원가동인에 비례
정확성	낮음	높음
계산 시간, 비용		

2. 활동기준원가계산의 도입효과가 큰 경우

(1) 간접원가의 비중이 높을수록
(2) 다품종 소량 생산을 할수록
(3) 고객별, 제품별로 소비하는 활동이 상이한 경우
(4) 단순한 배부기준으로 원가를 배부한 경우

3. 활동기준원가계산의 장단점

장점	단점
활동별 분석 → **판매관리비에도 적용 가능**	원가계산에 **많은 시간 소요, 고비용**
정확한 원가계산 → 정확한 의사결정 가능 ex〉가격결정, 수익성 분석	활동을 구분하는 기준 불명확 활동별 원가동인 결정 시 자의적 판단 개입
비부가가치활동 제거 → 원가 통제 가능	재고 과잉 우려: 활동을 감소시키기 위하여 한꺼번에 많은 재고 생산 가능

4. 활동계층과 원가계층

활동은 기업 내에서 자원을 소비하는 작업을 말한다. 활동기준원가계산에서는 활동을 4가지 활동계층으로 구분한다. 이렇게 구분된 활동계층에 따라 활동원가를 원가계층으로 구분할 수 있으며, 각 원가사례가 어느 계층에 해당하는지 외워야 한다.

활동계층	원가계층	원가동인	사례
단위수준활동	단위수준원가	생산량	기계작업원가, 직접노무원가, 전수조사에 의한 품질조사원가
뱃치(묶음)수준활동	뱃치(묶음)수준원가	뱃치 수	원재료구매, 작업준비, 자재이동
제품수준활동	제품수준원가	제품 종류	제품설계, 제품별 생산설비관리
설비유지활동	설비유지원가	N/A	공장시설관리, 환경관리, 안전유지관리, 조경작업

설비유지원가는 모든 제품에 대한 공통원가로, **원가동인을 파악하기 어렵다**. 따라서 자의적인 배부기준에 의하여 제품에 배부된다.

예제

1. 활동기준원가계산(ABC)에 관한 설명으로 <u>옳지 않은</u> 것은?   2022. CTA

① 제조기술이 발달되고 공장이 자동화되면서 증가되는 제조간접원가를 정확하게 제품에 배부하고 효과적으로 관리하기 위한 원가계산기법이다.

② 설비유지원가(facility sustaining cost)는 원가동인을 파악하기가 어려워 자의적인 배부기준을 적용하게 된다.

③ 제품의 생산과 서비스 제공을 위해 수행하는 다양한 활동을 분석하고 파악하여, 비부가가치활동을 제거하거나 감소시킴으로써 원가를 효율적으로 절감하고 통제할 수 있다.

④ 원가를 소비하는 활동보다 원가의 발생행태에 초점을 맞추어 원가를 집계하여 배부하기 때문에 전통적인 원가계산보다 정확한 제품원가 정보를 제공한다.

⑤ 고객별·제품별로 공정에서 요구되는 활동의 필요량이 매우 상이한 경우에 적용하면 큰 효익을 얻을 수 있다.

2. **활동기준원가계산에 대한 다음 설명 중 옳지 않은 것은?**   2022. CPA

① 활동기준원가계산은 발생한 원가를 활동중심점별로 집계하여 발생한 활동원가동인 수로 배부하는 일종의 사후원가계산제도이다.

② 활동기준원가계산을 활용한 고객수익성분석에서는 제품원가뿐만 아니라 판매관리비까지도 활동별로 집계하여 경영자의 다양한 의사결정에 이용할 수 있다.

③ 제조간접원가에는 생산량 이외의 다른 원가동인에 의하여 발생하는 원가가 많이 포함되어 있다.

④ 활동이 자원을 소비하고 제품이 활동을 소비한다.

⑤ 원재료구매, 작업준비, 전수조사에 의한 품질검사는 묶음수준활동(batch level activities)으로 분류된다.

◎ 해설

01.

원가의 발생행태보다 원가를 소비하는 활동에 초점을 맞추어 원가를 집계하여 배부하기 때문에 전통적인 원가계산보다 정확한 제품원가 정보를 제공한다.

답 ④

02.

전수조사에 의한 품질검사는 **단위수준활동(unit level activities)**으로 분류된다.

답 ⑤

특별주문이란, 신규 고객으로부터 제품 주문이 들어왔을 때 해당 주문을 받을지, 말지를 결정하는 문제이다. 특별주문 문제의 풀이법은 다음과 같다.

특별주문의 공헌이익	특별주문량×특별주문의 단위당 공헌이익
−고정원가 증가	고정원가 증가액
−기회비용	기존 주문 감소량×기존 주문의 단위당 공헌이익
=증분이익	×××≥0: 특별주문 수락

 특별주문의 공헌이익

특별주문의 공헌이익=특별주문량×특별주문의 단위당 공헌이익

특별주문의 공헌이익은 위와 같이 계산한다. 특별주문은 판매가격이나 단위당 변동원가가 기존 주문과 다를 수 있으므로 단위당 공헌이익을 따로 구해야 한다.

STEP 2 고정원가 증가

일반적으로 고정원가는 생산량과 무관하게 고정이지만, 특별주문 문제에서는 고정원가가 증가하기도 한다. 이 경우 고정원가 증가액을 차감해야 한다.

STEP 3 기존 주문 감소량

특별주문 수락의 기회비용은 기존 주문의 감소이다. 특별주문량까지 추가로 생산할 수 있는 충분한 유휴생산능력이 없는 경우, 기존 주문량을 감소시켜야 특별주문량을 생산할 수 있기 때문이다. 기존 주문 감소량은 다음과 같이 계산한다.

기존 주문 감소량=기존 주문량+특별주문량−최대생산능력

예를 들어 기존 주문량이 100개, 최대생산능력이 120개인 상황에서 50개의 특별주문을 수락하면 기존 주문 감소량은 30개(=100+50-120)이다.

만약 같은 조건에서 특별주문량이 10개라면 최대생산능력이 120개이므로 기존 주문 감소량 없이 특별주문을 소화할 수 있다. 이처럼 **기존 주문 감소량이 없다면 기회비용은 없으며, Step 4는 생략한다.**

 기회비용

기존 주문 감소량이 있다면, 기회비용은 다음과 같이 계산한다.

기회비용=기존 주문 감소량×기존 주문의 단위당 공헌이익

 증분이익

증분이익=특별주문의 공헌이익-고정원가 증가-기회비용

Step 1에서 구한 특별주문의 공헌이익에서 고정원가 증가액과 기회비용을 차감하면 증분이익을 계산할 수 있다. **증분이익이 0보다 크거나 같으면 특별주문을 수락하고, 0보다 작으면 특별주문을 기각한다.** (증분이익이 0일 때는 아무렇게나 해도 된다.)

예제

1. (주)세무의 정상판매량에 기초한 20X1년 예산손익계산서는 다음과 같다.

매출액(5,000단위 ₩60)	₩300,000
변동매출원가	150,000
변동판매비	60,000
공헌이익	₩90,000
고정제조간접원가	50,000
고정판매비	20,000
영업이익	₩20,000

(주)세무의 연간 최대생산능력은 6,000단위이다. 새로운 고객이 20X1년 초 1,500단위를 단위당 ₩50에 구입하겠다고 제의하였으며, 이 제의는 부분 수락할 수 없다. 이 제의를 수락하고, 정상가격에 의한 기존의 거래를 감소시켜 영업이익을 극대화한다면, 20X1년에 증가되는 영업이익은?

2013. CTA

① ₩1,000   ② ₩3,000   ③ ₩9,000
④ ₩14,000   ⑤ ₩17,000

해설

01.

특별주문의 공헌이익	12,000
고정원가 증가	–
기회비용	(9,000)
증분이익	**3,000**

(1) 특별주문의 공헌이익: (50-42)×1,500단위=12,000
  - 단위당 변동원가: (150,000+60,000)/5,000단위=42

(2) 고정원가 증가: 없음

(3) 기회비용: 90,000/5,000단위×500단위=9,000
  - 기존 거래 감소분: 5,000+1,500-6,000=500단위

답 ②

2. (주)세무는 20X1년 연간 최대생산량이 8,000단위인 생산설비를 보유하고 있다. (주)세무는 당기에 제품 7,000단위를 단위당 ₩1,000에 판매할 것으로 예상하며, 단위당 변동제조원가는 ₩500, 단위당 변동판매관리비는 ₩100이다. (주)세무는 거래처로부터 제품 2,000단위를 판매할 수 있는 특별주문을 받았으며, 단위당 변동제조원가와 단위당 변동판매관리비는 변화가 없다. 이 특별주문을 수락한다면, 예상 판매량 중 1,000단위를 포기해야 한다. 이때, 특별주문 제품의 단위당 최저 판매가격은?

2020. CTA

① ₩500   ② ₩600   ③ ₩800
④ ₩900   ⑤ ₩1,000

 해설

02.

특별주문의 공헌이익	2,000×판매가격−1,200,000
고정원가 증가	−
기회비용	(400,000)
증분이익	2,000×판매가격−1,600,000 ≥ 0

(1) 특별주문의 공헌이익: (판매가격−600)×2,000단위=2,000×판매가격−1,200,000
   − 단위당 변동원가: 500+100=600

(2) 고정원가 증가: 없음

(3) 기회비용: (1,000−600)×1,000단위=400,000
   − 기존 거래 감소분: 1,000단위 (문제에서 제시)

(4) 최저 판매가격
   '증분이익≥0'이어야 하므로 최저 판매가격은 **800**이다.

답 ③

패턴

28 외부구입

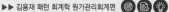 ▶▶ 김용재 패턴 회계학 원가관리회계편

외부구입이란, 부품을 자가제조하고 있으나 외부 공급업체로부터 동일한 부품을 구입하는 의사결정을 말한다. 외부구입 문제의 풀이법은 다음과 같다.

−외부구입비용	단위당 외부구입비용×외부 구입량
+변동원가 감소	자가제조 시 단위당 변동제조원가×외부 구입량
+고정원가 감소	고정OH 감소분
+공헌이익 증가	공헌이익 증가분
=증분이익	X X X ≥ 0: 외부구입

 STEP 1 외부구입비용

> 외부구입비용=단위당 외부구입비용×외부 구입량

외부구입 시 외부 제작 업체에 부품 구입비용을 지급해야 한다. 총 외부구입비용은 단위당 외부구입비용에 외부 구입량을 곱하면 된다.

STEP 2 변동원가 감소분

> 변동원가 감소분=자가제조 시 단위당 변동제조원가×외부 구입량

외부구입 시 자가제조를 하지 않으므로 제조원가가 감소한다. 이때, 고정원가는 언급이 없다면 불변으로 보아 변동제조원가만 감소하는 것으로 본다. 총 변동원가는 자가제조 시 단위당 변동제조원가에 외부 구입량을 곱한만큼 감소한다.

고정원가 감소분

외부구입 시에는 생산량이 감소하여 문제에 따라 고정OH가 감소할 수도 있다. 이 경우 고정OH 감소분만큼 증분이익은 증가한다.

 공헌이익 증가

외부구입 시 부품의 자가제조량이 감소하므로 생산설비의 유휴생산능력이 발생한다. 이때 생산설비를 다른 제품 생산에 활용하면 공헌이익이 증가할 수 있다. 이 공헌이익만큼 증분이익은 증가한다.

 증분이익

증분이익=−외부구입비용+변동원가 감소+고정원가 감소+공헌이익 증가

증분이익은 위와 같이 계산할 수 있다. 증분이익이 0보다 크거나 같으면 외부구입하고, 0보다 작으면 자가제조한다.

예제

1. (주)세무는 A부품을 매년 1,000단위씩 자가제조하여 제품생산에 사용하고 있다. A부품을 연간 1,000단위 생산할 경우 단위당 원가는 다음과 같다.

구분	단위당 원가
변동제조원가	₩33
고정제조간접원가	5
합계	₩38

최근에 외부의 공급업자로부터 A부품 1,000단위를 단위당 ₩35에 납품하겠다는 제안을 받았다. A부품을 전량 외부에서 구입하면 연간 총고정제조간접원가 중 ₩400이 절감되며, A부품 생산에 사용하던 설비를 다른 부품생산에 활용함으로써 연간 ₩200의 공헌이익을 추가로 얻을 수 있다. (주)세무가 외부 공급업자의 제안을 수락하면, A부품을 자가제조할 때보다 연간 영업이익은 얼마나 증가(혹은 감소)하는가? 2022. CTA

① ₩1,400 감소 ② ₩1,400 증가 ③ ₩3,600 감소
④ ₩3,600 증가 ⑤ ₩4,800 감소

해설

01.

외부구입비용	(35,000)
변동원가 감소	33,000
고정원가 감소	400
공헌이익 증가	200
증분이익	(1,400)

(1) 외부구입비용: 35×1,000단위=35,000

(2) 변동원가 감소: 33×1,000단위=33,000

답 ①

2. (주)대한은 제품에 사용되는 부품 A를 자가제조하고 있으나, 외부 공급업체로부터 부품 A 와 동일한 제품을 구입하는 방안을 검토 중이다. (주)대한의 회계팀은 아래의 자료를 경영 진에게 제출하였다.

구 분	부품 A 1단위당 금액
직접재료원가	₩38
직접노무원가	35
변동제조간접원가	20
감독관 급여	40
부품 A 전용제조장비 감가상각비	39
공통관리비의 배분	41

- 매년 10,000개의 부품 A를 생산하여 모두 사용하고 있다.
- 만일 외부에서 부품 A를 구입한다면 감독관 급여는 회피가능하다.
- 부품 A 전용제조장비는 다른 용도로 사용하거나 외부 매각이 불가능하다.
- 공통관리비는 회사 전체의 비용이므로 외부 구입 여부와 관계없이 회피가 불가능하다.
- 만일 부품 A를 외부에서 구입한다면, 제조에 사용되던 공장부지는 다른 제품의 생산을 위해서 사용될 예정이며, 연간 ₩240,000의 공헌이익을 추가로 발생시킨다.

(주)대한의 경영진은 부품 A를 자가제조하는 것이 외부에서 구입하는 것과 영업이익에 미치는 영향이 무차별하다는 결론에 도달하였다. 이 경우 외부 공급업체가 제시한 부품 A의 1단위당 금액은 얼마인가?

2021. CPA

① ₩93 ② ₩117 ③ ₩133 ④ ₩157 ⑤ ₩196

 해설

02.

외부구입비용	(구입가격×10,000개)
변동원가 감소	1,330,000
고정원가 감소	–
공헌이익 증가	240,000
증분이익	(구입가격×10,000개)+1,570,000=0

(1) 변동원가 감소: (38+35+20+40)×10,000개=1,330,000
  - 외부구입 시 감독관 급여는 회피 가능하므로 변동원가 감소분에 포함시켰다.
  - 전용제조장비는 다른 용도로 사용하거나 외부 매각이 불가능하므로 외부구입 시에도 감가상각비를 회피할 수 없다.

(2) 단위당 외부구입비용
  '증분이익=0'이므로 구입가격은 1,570,000/10,000개=**157**이다.

답 ④

대체가격(TP, transter price)이란, 기업 내의 사업부 간의 거래에서 재화에 부여된 가격을 말한다. 이때, 본서에서는 재화를 공급하는 사업부를 공급사업부, 구매하는 사업부를 구매사업부라고 한다.

1. 공급사업부의 최소대체가격

> 공급사업부의 최소대체가격
> =단위당 변동원가+(내부대체 시 고정원가 증가분+기회비용)/대체 수량
> (기회비용=내부대체 시 포기해야 하는 외부판매량×외부 판매의 단위당 공헌이익)

공급사업부 입장에서는 대체가격이 클수록 이득이다. 대체가격이 클수록 사업부의 수익이 증가하기 때문이다. 반대로 대체가격이 특정 금액 이하로 낮아지는 경우 공급하는 것이 손해이다. 따라서 공급사업부에는 '최소한 이만큼은 받아야 한다'는 금액이 존재하는데, 이를 '최소'대체가격이라고 부른다.

공급사업부는 최소한 단위당 변동원가만큼은 받아야 한다. 여기에 내부대체 시 고정원가가 증가하거나, 기회비용이 발생하는 경우 대체가격이 이 둘도 커버해주어야 한다. 따라서 고정원가 증가분과 기회비용의 합을 대체 수량으로 나눈 금액을 단위당 변동원가에 가산하면 최소대체가격이 계산된다.

이때, 공급사업부의 기회비용은 내부대체 시 포기해야 하는 외부판매의 공헌이익이다. 외부판매량에 단위당 공헌이익을 곱하면 된다.

2. 구매사업부의 최대대체가격

> 구매사업부의 최대대체가격=min[①, ②]
> ① 외부구입가격±외부구입 시 구매사업부의 원가증감액
> ② 최종제품의 판매가격-단위당 추가완성원가-단위당 판매비

구매사업부 입장에서는 대체가격이 낮을수록 이득이다. 대체가격이 낮을수록 사업부의 비용이 감소하기 때문이다. 반대로 대체가격이 특정 금액 이상으로 커지는 경우 구매하는 것이 손해이다. 따

라서 구매사업부에는 '이 금액 이상은 못 준다'는 금액이 존재하는데, 이를 '최대'대체가격이라고 부른다. 최대대체가격은 다음 두 금액 중 작은 금액이다.

① 외부구입가격±외부구입 시 구매사업부의 원가증감액

외부구입하는 것보다 대체가격이 비싸다면 구매사업부는 외부구입할 것이다. 이때 외부에서 구입한 재화가 자가제조한 재화에 비해 생산 투입 시 원가가 더 발생할 수도 있고, 덜 발생할 수도 있다. 구매사업부의 원가가 자가제조 시보다 증가하면 증가액을 가산하고, 감소하면 감소액을 차감한다.

② 제품의 NRV=최종제품의 판매가격-단위당 추가완성원가-단위당 판매비

구매사업부 입장에서는 제품을 추가로 가공해서 팔았을 때 이익이 남아야 내부대체할 것이다. 따라서 제품의 NRV가 대체가격의 한도가 된다. ①번 금액이 제품의 NRV보다 큰 경우 제품의 NRV가 최대대체가격이 된다.

예제

1. (주)세무는 분권화된 A사업부와 B사업부가 있다. A사업부는 반제품M을 최대 3,000단위 생산할 수 있으며, 현재 단위당 판매가격 ₩600으로 2,850단위를 외부에 판매하고 있다. B사업부는 A사업부에 반제품M 300단위를 요청하였다. A사업부 반제품M의 단위당 변동원가는 ₩300(변동판매관리비는 ₩0)이며, 사내대체를 하여도 외부판매가격과 단위당 변동원가는 변하지 않는다. A사업부는 사내대체를 전량 수락하든지 기각하여야 하며, 사내대체 수락시 외부시장 판매를 일부 포기하여야 한다. A사업부가 사내대체 전 이익을 감소시키지 않기 위해 제시할 수 있는 최소 사내대체가격은?   2016. CTA

① ₩350   ② ₩400   ③ ₩450   ④ ₩500   ⑤ ₩550

해설

01.

(1) 내부대체 시 고정원가 증가분: 없음

(2) 기회비용: (600−300)×150단위=45,000
  − 내부대체 수락 시 포기해야 하는 외부판매량: 2,850+300−3,000=150단위

(3) 최소대체가격: 단위당 변동원가+(내부대체 시 고정원가 증가분+기회비용)/대체 수량
  =300+45,000/300단위=**450**

답 ③

2. (주)세무는 분권화된 사업부 A와 B를 각각 이익중심점으로 설정하여 운영하고 있다. 현재 사업부A는 부품X를 매월 40,000단위 생산하여 단위당 ₩50에 전량 외부시장에 판매하고 있다. 사업부A의 부품X 생산에 관한 원가자료는 다음과 같다.

구분	금액/단위
단위당 변동제조원가	₩35
월간 최대생산능력	50,000단위

사업부B는 최근에 신제품을 개발했으며, 신제품 생산을 위해서 사업부A에 성능이 향상된 부품Xplus를 매월 20,000단위 공급해 줄 것을 요청했다. 사업부A가 부품 Xplus 1단위를 생산하기 위해서는 부품X 2단위를 포기해야 하며, 부품X의 변동제조원가에 단위당 ₩20의 재료원가가 추가로 투입된다. 부품X의 외부 수요량은 매월 40,000단위로 제한되어 있다. 사업부A가 현재의 영업이익을 감소시키지 않기 위해 사업부B에 요구해야 할 부품 Xplus의 단위당 최소대체가격은?

2022. CTA

① ₩66.25 ② ₩75.50 ③ ₩77.50
④ ₩80.25 ⑤ ₩85.50

 해설

02.

(1) 내부대체 시 고정원가 증가분: 없음

(2) 기회비용: (50-35)×30,000단위=450,000
 – 내부대체 수락 시 포기해야 하는 부품X 판매량: 40,000단위+20,000단위×2-50,000단위=30,000단위
 (Xplus는 1단위 생산 시 X 2단위를 포기해야 하므로 사실상 X 40,000단위를 추가로 생산하는 것이나 마찬가지이다.)

(3) 최소대체가격: 단위당 변동원가+(내부대체 시 고정원가 증가분+기회비용)/대체 수량
 =35+20+450,000/20,000단위=**77.5**

 ③

패턴

30 제한된 자원의 사용

▶▶ 김용재 패턴 회계학 원가관리회계편

기업은 원재료, 노동력 등 여러 자원을 투입하여 생산하는데, 사용할 수 있는 자원은 한정되어 있으므로 기업은 이익을 최대화하기 위하여 제한된 자원을 어디에 투입할 것인지를 결정해야 한다. 이를 본서에서는 제한된 자원의 사용이라고 한다. 제한된 자원은 하나일 수도 있고, 둘일 수도 있는데 제한된 자원의 수에 따라 풀이법이 다르다.

1. 제한된 자원이 하나인 경우: 자원당 공헌이익이 큰 제품 순으로 생산

> (1) 단위당 공헌이익=단위당 판매가격-단위당 변동원가
> (2) 자원당 공헌이익=단위당 공헌이익/단위당 자원 투입량

제한된 자원이 하나인 경우 **자원당 공헌이익이 큰 제품 순으로 생산한다.** 자원당 공헌이익은 단위당 공헌이익을 제품 단위당 자원 투입량으로 나눈 이익을 말한다.

예를 들어 직접노무시간에 제한이 있다고 가정한다면, 직접노무시간당 공헌이익이 큰 제품 순으로 생산해야 기업의 이익이 최대화된다. 직접노무시간당 공헌이익은 단위당 공헌이익을 제품 1단위 생산 시 투입되는 직접노무시간으로 나눈 이익을 의미한다.

2. 제한된 자원이 둘인 경우

제한된 자원이 둘인 경우에는 제한된 자원을 바탕으로 연립방정식을 세운 후, 이익을 극대화할 수 있는 제품별 생산량을 결정해야 한다.

예를 들어 이용가능한 기계시간은 K시간, 노무시간은 L시간으로 제한되어 있다고 가정할 때, 제품 X와 Y를 생산하여 이익을 극대화하려고 한다면 식은 다음과 같이 세워야 한다.

	제품 X	제품 Y
제품 단위당 공헌이익	A	B
제품 단위당 기계시간	C시간	D시간
제품 단위당 노무시간	E시간	F시간

패턴 30. 제한된 자원의 사용 · 123

제약요인 1: C×X+D×Y≤K

제약요인 2: E×X+F×Y≤L

목적함수: 'A×X+B×Y' 최대화

이를 그래프로 표현하면 다음과 같다. 생산가능영역은 제약요인 1과 제약요인 2 둘 모두에 비해 아래에 있어야 하므로 사각형으로 표현된다.

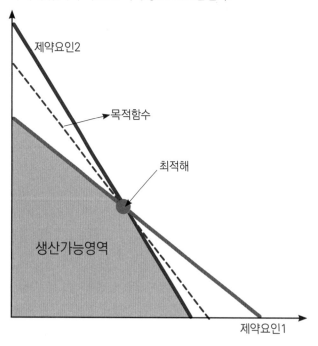

여기에서 목적함수를 최대화할 수 있는 점을 찾아야 한다. 경우의 수는 세 가지이다.

	목적함수의 기울기(A/B)	이익을 최대화할 수 있는 점
①	A/B 〈 C/D	제약요인 1의 Y절편 (Y만 생산)
②	A/B 〉 E/F	제약요인 2의 X절편 (X만 생산)
③	C/D 〈 A/B 〈 E/F	**제약요인 1, 2의 교점 (둘 다 생산)**

이 중 답일 가능성이 가장 높은 것은 ③이다. 두 제약요인을 연립방정식으로 보아 계산한 해가 답이다.

1. (주)국세는 세 종류의 제품 A, B, C를 독점하여 생산·판매하고 있다. 제품생산을 위해 사용되는 공용설비의 연간 사용시간은 총 80,000시간으로 제한되어 있다. 20X1년도 예상 자료는 다음과 같다.

구 분	제품 A	제품 B	제품 C
단위당 판매가격	₩1,000	₩1,500	₩2,000
단위당 변동원가	₩300	₩600	₩1,200
단위당 공용설비사용시간	10시간	20시간	16시간
연간 최대시장수요량	2,000단위	3,000단위	2,000단위

위 자료에 근거한 설명으로 옳은 것은?   2011. CTA

① 제품단위당 공헌이익이 가장 큰 제품은 A이다.

② 공용설비사용시간 단위당 공헌이익이 가장 큰 제품은 C이다.

③ (주)국세가 20X1년에 획득할 수 있는 최대공헌이익은 ₩4,260,000이다.

④ (주)국세가 20X1년 공헌이익을 최대화하는 경우, 생산된 총제품수량은 5,500개이다.

⑤ (주)국세가 20X1년 공헌이익을 최대화하기 위해서는 제품 C, 제품 B, 제품 A의 순서로 생산한 후 판매해야 한다.

2. (주)세무는 제품 A와 B를 생산하고 있으며, 제품 생산에 관한 자료는 다음과 같다.

구분	제품A	제품B
제품 단위당 공헌이익	₩30	₩50
제품 단위당 기계시간	0.5시간	1시간
제품 단위당 노무시간	1.5시간	2시간

월간 이용가능한 기계시간은 1,000시간, 노무시간은 2,400시간으로 제한되어 있다. 월간 고정원가는 ₩20,000으로 매월 동일하고, 제품 A와 B의 시장수요는 무한하다. (주)세무가 이익을 극대화하기 위해서는 제품 A와 B를 각각 몇 단위 생산해야 하는가?   2022. CTA

	제품A	제품B		제품A	제품B
①	0단위	1,000단위	②	800단위	500단위
③	800단위	600단위	④	900단위	500단위
⑤	1,600단위	0단위			

⏱ 해설

01.

(1) 제품별 생산량

	A	B	C
단위당 공헌이익	700	①900	800
시간당 공헌이익	②70	45	50
⑤생산순서	1순위	3순위	2순위
생산량	2,000단위	1,400단위	2,000단위
설비사용시간	20,000시간	28,000시간	32,000시간

1순위, 2순위인 A, C를 생산하면 총 52,000시간을 소모한다. 남은 시간이 28,000으로 B를 생산하면 1,400단위
(=28,000/20)밖에 생산하지 못한다.

(2) 정답 찾기

③ (주)국세가 20X1년에 획득할 수 있는 최대공헌이익: 2,000단위×700+1,400단위×900+2,000단위
×800=4,260,000 (O)

④ 총 제품수량: 2,000+1,400+2,000=5,400단위

답 ③

02.

(1) 제약식

기계시간: $0.5A+B \leq 1,000$

노무시간: $1.5A+2B \leq 2,400$

목적함수: Max $30A+50B$

(2) 기울기(A의 계수/B의 계수)

기계시간: $0.5/1=0.5$

노무시간: $1.5/2=0.75$

목적함수: $30/50=0.6$

0.6이 0.5~0.75 사이에 있으므로 두 제약식의 교점에서 Z가 극대화된다.

(3) 이익 극대화를 위한 제품별 생산량

$0.5A+B=1,000$

$1.5A+2B=2,400$

→ $A=(2×1,000-1×2,400)/(0.5×2-1.5×1)=$**800**, B=**600**

답 ③

패턴 31 종합예산

종합예산은 연초에 기업이 달성해야 할 목표를 구체적인 수량과 금액으로 나타낸 예산이다. **종합예산은 제품의 생산 및 판매 순서의 반대로 편성된다.** 제품은 '원재료 구입→제품 생산→제품 판매'의 순서대로 생산과 판매가 이루어진다. 하지만 예산은 '예상 판매량→제품 생산량→원재료 구입량'의 순서로 편성한다.

1. 생산예산

제품(1분기)		제품(2분기)	
기초	판매	기초	판매
생산	기말	**생산**	기말

생산예산은 기업이 분기 또는 1년간의 목표생산량을 결정하는 예산이다. 목표생산량은 다음과 같이 계산한다.

STEP 1 분기말 제품 재고량=다음 분기 예산판매량×목표 재고 비율

우선 문제에서 분기별 예산판매량과 함께, 분기별 기말목표 제품재고량이 다음 분기 판매량의 몇 %인지를 제시한다. 다음 분기 예산판매량에 목표 재고 비율을 곱하면 분기말 제품 재고량을 계산할 수 있다.

STEP 2 목표생산량=예산판매량+기말 제품 재고량−기초 제품 재고량

(1) 분기초 제품 재고량=전분기말 제품 재고량
분기초 제품 재고량은 전분기말 제품 재고량과 같다. 예를 들어, 2분기 초 제품 재고량은 1분기 말 제품 재고량과 일치한다. Step 1에서 모든 분기말의 제품 재고량을 구했으므로 분기초 제품 재고량도 구할 수 있다.

(2) 기초+생산=판매+기말
'기초+생산=판매+기말'이므로 생산량을 중심으로 식을 정리하면 위와 같이 식을 세울 수 있다. 문제에 제시된 예산판매량에 위에서 구한 기초, 기말 제품 재고량을 가감하면 목표생산량을 구할 수 있다. 위와 같이 제품 원장을 그리면 계산하기 쉽다.

2. 원재료 구매예산

원재료(1분기)	
기초	사용
구입	기말

원재료(2분기)	
기초	사용
구입	기말

원재료 구매예산이란, 기업이 분기 또는 1년간의 원재료 구입량과 원재료 구입액을 결정하는 예산이다. 원재료 구입량 및 원재료 구입액은 다음과 같이 계산한다.

STEP 1 예상 원재료 사용량=제품의 목표생산량×단위당 원재료 사용량

생산예산에서 구한 제품의 목표생산량에 제품 단위당 원재료 사용량을 곱하면 총 예상 원재료 사용량을 구할 수 있다. 예를 들어, 제품 1단위에 2kg의 원재료를 사용하고, 제품의 목표생산량이 100단위라면 예상 원재료 사용량은 100개×2kg=200kg이다.

STEP 2 분기말 원재료 재고량=다음 분기 예상 원재료 사용량×목표 재고 비율

분기말 제품 재고량을 구할 때 다음 분기 예산판매량에 비율을 곱한 것처럼, 분기말 원재료 재고량도 다음 분기 예상 원재료 사용량에 목표 재고 비율을 곱하면 분기말 원재료 재고량을 계산할 수 있다. 목표 재고 비율은 제품과 원재료가 다르므로 주의하자.

STEP 3 원재료 구입량=예상 원재료 사용량+기말 원재료 재고량-기초 원재료 재고량

(1) 분기초 원재료 재고량=전분기말 원재료 재고량
Step 2에서 모든 분기말의 원재료 재고량을 구했으므로 분기초 원재료 재고량도 구할 수 있다.

(2) 기초+구입=사용+기말
구입량을 중심으로 식을 정리하면 위와 같이 식을 세울 수 있다. 위와 같이 원재료 원장을 그리면 계산하기 쉽다.

STEP 4 원재료 구입액=원재료 구입량×원재료 단위당 가격

Step 3에서 구한 원재료 구입량에 원재료 단위당 가격을 곱하면 총 원재료 구입액을 구할 수 있다. 예를 들어, 원재료가 1kg당 ₩10이고, 원재료 구입량이 200kg이라면 원재료 구입액은 200kg×₩10=₩2,000이다.

3. 직접노무원가예산

예상 직접노동시간=제품의 목표생산량×단위당 직접노동시간
직접노무원가예산=예상 직접노동시간×직접노동시간당 임률

직접노동시간은 원재료와 달리 재고로 저장할 수 없다. 따라서 시간과 관련된 기초, 기말 재고는 없으며 발생한 시간은 바로 제품에 투입된다. 예상 원재료 사용량을 구하는 것과 같은 식으로 예상 직접노동시간을 구한 뒤, 임률을 곱하면 직접노무원가예산을 구할 수 있다.

예제

1. 손세정제를 제조하는 (주)세무의 20X1년도 직접재료예산과 관련된 자료는 다음과 같다. 이를 바탕으로 구한 2분기의 직접재료구매예산액은? 2021. CTA

• 판매예산에 따른 각 분기별 제품판매량

1분기	2분기	3분기	4분기
1,000통	3,000통	5,000통	2,000통

• 각 분기별 기말목표 제품재고량은 다음 분기 판매량의 20%로 한다.
• 각 분기별 기말목표 재료재고량은 다음 분기 제품생산량에 필요한 재료량의 10%로 한다.
• 손세정제 1통을 만드는데 20kg의 재료가 필요하다.
• 재료의 구입단가는 kg당 ₩2이다.

① ₩106,000 ② ₩124,000 ③ ₩140,000
④ ₩152,000 ⑤ ₩156,000

해설

01.

제품(2분기)			
기초	600	판매	3,000
생산	3,400	기말	1,000
직접재료(2분기)			
기초	6,800	투입	68,000
구입		기말	8,800

제품(3분기)			
기초	1,000	판매	5,000
생산	4,400	기말	400
직접재료(3분기)			
기초	8,800	투입	88,000
구입		기말	

(1) 분기별 기말 제품 수량

1분기: 3,000×20%=600통

2분기: 5,000×20%=1,000통

3분기: 2,000×20%=400통

(2) 분기별 제품 생산 수량

2분기: 3,000+1,000−600=3,400통

3분기: 5,000+400−1,000=4,400통

(3) 분기별 직접재료 투입량

2분기: 3,400×20kg=68,000kg

3분기: 4,400×20kg=88,000kg

(4) 분기별 기말 직접재료 수량

1분기: 68,000kg×10%=6,800kg

2분기: 88,000kg×10%=8,800kg

(5) 2분기 직접재료 구매예산: 70,000kg×20=**140,000**

− 2분기 직접재료 구매량: 68,000+8,800−6,800=70,000kg

답 ③

2. 다음은 (주)세무의 20X1년도 2/4분기 판매량 예산이다. 월말 제품재고는 다음 달 판매량의 10%를 보유하는 정책을 유지하고 있으며, 제품 단위당 직접노무시간은 4월 3시간, 5월 3시간, 6월에는 4시간 소요될 것으로 예상하고 있다. 시간당 임금이 4월에 ₩50, 5월부터 매월 ₩5씩 상승한다고 할 때, 6월의 직접노무원가예산은? (단, 7월의 판매량 예산은 5,000단위이다.)

2020. CTA

4월: 3,000단위	5월: 4,000단위	6월: 4,000단위

① ₩780,000　　　　② ₩960,000　　　　③ ₩984,000

④ ₩1,080,000　　　　⑤ 1,200,000

해설

02.

제품(5월)			
기초		판매	4,000
생산		기말	400

제품(6월)			
기초	400	판매	4,000
생산	4,100	기말	500

(1) 월별 기말 제품 수량
    5월: 4,000×10%=400단위
    6월: 5,000×10%=500단위

(2) 6월 제품 생산 수량: 4,000+500-400=4,100단위

(3) 6월 직접노무원가예산: 16,400×@60=**984,000**
    - 6월 직접노무시간: 4,100×4시간=16,400시간
    - 6월 시간당 임금: 50+5+5=60

답 ③

자본예산은 효과가 장기간에 걸쳐 실현되는 투자와 관련된 계획, 그리고 그에 대한 평가방법을 말한다. 자본예산에서는 다양한 내용을 다루지만, 현금흐름을 추정하는 것이 가장 출제빈도가 높으므로 본서에서는 현금흐름 추정만 다룬다.

> 기말 현금=기초 현금+현금 유입액−현금 유출액

기말 현금을 구하기 위해서는 현금 유입액과 현금 유출액이 필요한데, 다음과 같이 계산한다.

1. 현금 유입액=현금 매출액+매출채권 회수액

(1) 현금 매출액
현금 유입은 매출로부터 발생한다. 현금 매출은 매출이 발생하자마자 현금이 유입되므로 현금 유입액에 바로 포함된다.

(2) 매출채권 회수액=Σ외상 매출액×당기 회수비율
현금 매출과 달리 외상 매출은 매출 발생 시점과 현금 유입 시점에 차이가 난다. 이 경우 외상 매출액에 당기에 회수되는 비율을 곱한 금액의 누적액만큼 매출채권이 회수된다. 일반적으로 매출채권은 유동자산이므로 1년 안에 회수된다. 따라서 당기와 전기에 발생한 외상 매출액 중 당기에 회수되는 비율을 곱하면 매출채권 회수액을 구할 수 있다.

2. 현금 유출액=현금 매입액+매입채무 상환액

현금 유출액에는 재고 매입액, 임금 지급액, 판관비 등 다양한 요소가 있을 수 있는데, 문제에서는 주로 재고 매입액만을 제시하므로 재고 매입액에 집중해서 설명한다. 다른 비용이 추가로 등장하는 경우 현금 유출액에 포함하면 된다.

(1) 월별 재고 매입액=매출원가+기말 재고-기초 재고
월별 재고 매입액은 종합예산에서 배운 것과 같은 원리로 계산하면 된다. 매출원가를 제시하지 않는다면 매출액과 이익률을 이용하여 계산한 뒤, 대입하면 된다.

(2) 현금 매입액=당기 재고 매입액×현금 매입 비율
현금 매입은 매입하자마자 현금이 유출되므로 현금 유출액에 바로 포함된다. 당기 재고 매입액 중 현금 매입 비율을 곱하면 현금 매입액을 구할 수 있다.

(3) 매입채무 상환액=Σ외상 매입액×당기 상환비율
매출채권 회수액을 구하는 것과 마찬가지로 당기와 전기에 발생한 외상 매입액 중 당기에 상환하는 비율을 곱하면 매입채무 상환액을 구할 수 있다.

예제

1. (주)세무는 상품매매업을 영위하고 있으며, 20X2년 1분기의 매출액 예산은 다음과 같다.

구분	1월	2월	3월
매출액	₩100,000	₩120,000	₩150,000
매출원가율	80%	75%	70%

(주)세무의 20X1년 말 재무상태표에 표시된 상품재고는 ₩10,000이고, 매입채무는 ₩42,400이다. (주)세무는 20X2년에 매월 기말재고로 다음 달 예상 매출원가의 10%를 보유한다. 매월 상품매입은 현금매입 40%와 외상매입 60%로 구성되며, 외상매입대금은 그 다음 달에 모두 지급한다. 상품매입으로 인한 2월의 현금지출예산은? 2022. CTA

① ₩74,000   ② ₩84,000   ③ ₩85,500
④ ₩91,500   ⑤ ₩95,000

해설

01.

상품(1월)			
기초	10,000	판매	80,000
매입	79,000	기말	9,000

상품(2월)			
기초	9,000	판매	90,000
매입	91,500	기말	10,500

상품(3월)			
기초		판매	105,000
매입		기말	

(1) 월별 매출원가
　　1월: 100,000×80%=80,000
　　2월: 120,000×75%=90,000
　　3월: 150,000×70%=105,000

(2) 월별 기초 상품 재고
　　1월: 10,000 (문제에서 x1년 말 재고 제시)
　　2월: 90,000×10%=9,000
　　3월: 105,000×10%=10,500

(3) 월별 상품 매입액
　　1월: 80,000+9,000-10,000=79,000
　　2월: 90,000+10,500-9,000=91,500

(4) 2월 현금지출예산: 79,000×60%+91,500×40%=**84,000**
　　- 1월 매입액의 60%, 2월 매입액의 40%가 2월에 현금으로 지급된다.

답 ②

2. (주)국세는 월간예산을 수립하고 있다. 다음 자료를 이용하여 추정한 (주)국세의 20X2년 2월말 현금잔액은 얼마인가?

2012. CTA (심화)

재무상태표
20X2년 1월 1일 현재

자산	
현 금	₩28,000
매출채권(순액)	78,000
상 품	104,000
유형자산(장부금액)	1,132,000
총자산	₩1,342,000
부채 및 자본	
매입채무	₩200,000
자 본 금	800,000
이익잉여금	342,000
총부채 및 자본	₩1,342,000

- 상품의 20X2년 1월 매출액은 ₩260,000, 2월 매출액은 ₩230,000, 그리고 3월 매출액은 ₩210,000 으로 각각 추정하고 있다. 모든 매출은 외상으로 이루어지며, 매출채권은 판매한 달에 55%, 다음 달에 40%가 현금으로 회수되고, 5%는 대손처리되어 판매한 당월의 비용으로 처리한다.
- 월별 매출총이익률은 20%이다.
- 상품의 월말재고액은 다음 달 예상매출원가의 50%로 유지한다.
- 모든 매입은 외상으로 이루어지며 매입채무는 매입한 다음 달에 전액 현금으로 상환한다.
- 기타 운영비 ₩21,700은 매월 현금으로 지급한다.
- 감가상각비는 연간 ₩17,000이다.
- 세금은 무시한다.

① ₩18,400 ② ₩27,300 ③ ₩28,100
④ ₩40,100 ⑤ ₩40,800

해설

02.

(1) 매출채권 회수 스케줄

	1월	2월
기초 매출채권	78,000	
1월 매출분	143,000	104,000
2월 매출분		126,500
계	221,000	230,500

상품(1월)				상품(2월)			
기초	104,000	판매	208,000	기초		판매	184,000
매입	196,000	기말	92,000	매입		기말	

(2) 월별 매출원가

1월: 260,000×80%=208,000

2월: 230,000×80%=184,000

(3) 월별 기초 상품 재고

1월: 104,000 (문제에 제시)

2월: 184,000×50%=92,000

(4) 월별 매입채무 상환액

1월: 200,000 (기초 매입채무)

2월: 208,000+92,000-104,000=196,000 (=1월 상품 매입액)

- 매입채무는 매입 다음 달에 상환하므로 1월 매입액만 구하면 된다.

(5) 2월말 현금잔액

1.1 현금잔액		28,000
매출채권 회수액	221,000+230,500=	451,500
매입채무 상환액	200,000+196,000=	(396,000)
기타 운영비	21,700×2=	(43,400)
2월말 현금잔액		**40,100**

답 ④

33 완전정보의 기대가치

▶▶ 김용재 패턴 회계학 원가관리회계편

> **사례**
>
> 사례. 각 상황별로 이익은 다음과 같다.
> A>C, D>B, 0.4A+0.6B>0.4C+0.6D을 가정한다.
>
> | 상황
대안 | S1
P(S1) = 0.4 | S2
P(S2) = 0.6 |
> |---|---|---|
> | 갑 | A | B |
> | 을 | C | D |

STEP 1 기존정보 하의 기대가치=기대가치가 가장 큰 대안의 기대가치 ex>0.4A+0.6B

기존정보 하의 기대가치란 기존정보를 가지고 의사결정을 할 때 얻게 되는 기대가치를 의미한다. 위 사례에서 기존정보 하의 기대가치는 '0.4A+0.6B'이다. 앞으로의 상황이 어떻게 될지 모르는 상황에서, 갑을 선택했을 때의 기대가치(0.4A+0.6B)가 을을 선택했을 때의 기대가치(0.4C+0.6D) 보다 크므로 갑을 선택할 것이기 때문이다.

STEP 2 완전정보 하의 기대가치=상황별로 이익이 가장 큰 대안의 기대가치 ex>0.4A+0.6D

완전정보란 미래에 어떤 상황이 발생할지 정확하게 알려주는 정보를 말한다. 완전정보 하의 기대 가치란 완전정보를 가지고 의사결정을 할 때 얻게 되는 기대가치를 의미한다. 완전정보 하에서는 어떤 상황이 발생할지 정확히 알기 때문에 각 상황별로 이익이 큰 대안을 선택한다.
위 사례에서 완전정보 하의 기대가치는 '0.4A+0.6D'이다. S1 상황일 때는 갑을, S2 상황일 때는 을을 선택하는 것이 낫기 때문이다.

STEP 3 완전정보의 기대가치=완전정보 하의 기대가치-기존정보 하의 기대가치 ex>0.6(D-B)

완전정보의 기대가치는 완전정보를 가지고 의사결정을 할 때 얻게 되는 기대가치와 기존정보를 가지고 의사결정을 할 때 얻게 되는 기대가치의 차이를 의미한다. 위 사례에서 완전정보의 기대가 치는 '0.4A+0.6D-(0.4A+0.6B)=0.6(D-B)'이다. S1 상황일 때는 기존정보 하이든, 완전정보 하이든 갑을 선택할 것이므로 차이가 발생하지 않는데, S2 상황일 때는 의사결정의 차이가 발생함에 따라 완전정보의 가치가 존재하는 것이다.

STEP 4 예측오차의 원가=상황별 최적 대안의 이익−실제로 선택한 대안의 이익

예측오차의 원가(=조건부손실)란 특정 상황에 맞는 최적 대안을 선택하지 못함으로써 발생하는 기회손실을 말한다. **예측오차의 원가를 계산할 때는 상황별 확률을 고려하지 않는다.** 위 사례에서 예측오차의 원가는 다음과 같다.

을을 선택하였으나 상황이 S1인 경우 예측오차의 원가: A−C

갑을 선택하였으나 상황이 S2인 경우 예측오차의 원가: D−B

예제

1. (주)대한은 제품A를 생산하여 판매하려고 한다. 제품A의 단위당 제조원가는 ₩200이며, 단위당 판매가격은 ₩500이다. 제품A는 판매되지 못하면 전량 폐기처분해야 하며, 미리 생산한 제품A가 전량 판매된 후에는 추가로 생산하여 판매할 수 없다. (주)대한이 예상한 제품A의 판매량은 다음과 같다.

판매량	확률
500개	0.4
600개	0.3
700개	0.3

제품A의 판매량에 관하여 완전한 예측을 해주는 완전정보시스템이 있다면, 다음 설명 중 옳은 것은?

2023. CPA

① 기존정보하의 기대가치는 ₩155,000이다.

② 기존정보하에서는 생산량이 700개인 대안을 선택할 것이다.

③ 완전정보하의 기대가치는 ₩17,000이다.

④ 완전정보의 기대가치는 ₩177,000이다.

⑤ 기존정보하에서 기대가치가 가장 큰 대안을 선택하였고 실제로 제품A가 500개 판매된 경우 예측오차의 원가는 ₩20,000이다.

2. (주)세무는 기계 A, B 중 하나를 구입하고, 이를 사용하여 신제품을 생산하려 한다. 관련 자료를 근거로 작성한 성과표(payoff table)는 다음과 같다. 성과표에서 P(Si)는 확률을 의미하고, 금액은 이익을 의미한다.

대안 \ 상황	S1 = 호황 P(S1) = 0.4	S2 = 불황 P(S2) = 0.6
기계 A	₩9,000	₩1,000
기계 B	7,000	K

기계 A의 기대이익이 기계 B의 기대이익보다 더 크며, 호황일 때는 기계 A의 이익이 더 크고 불황일 때는 기계 B의 이익이 더 크다. 완전정보의 기대가치(EVPI)가 ₩600인 경우, 성과표에서 K는 얼마인가?

2023. CTA

① ₩1,500 　　② ₩2,000 　　③ ₩2,200 　　④ ₩2,300 　　⑤ ₩2,500

해설

01.

① 기존정보하의 기대가치: 160,000 (X)

선택 \ 상황	500 (0.4)	600 (0.3)	700 (0.3)	기존정보하의 기대가치
500	150,000	150,000	150,000	150,000
600	130,000	180,000	180,000	**160,000**
700	110,000	160,000	210,000	155,000

② 기존정보하에서 생산량이 **600개**인 대안 선택 (X)

③ 완전정보하의 기대가치: 150,000×0.4+180,000×0.3+210,000×0.3=**177,000** (X)

④ 완전정보의 기대가치: 177,000−160,000=**17,000** (X)

⑤ 600개를 선택했는데 실제로 500개가 판매되면 예측오차의 원가: 150,000−130,000=20,000 (O)

답 ⑤

02.

(1) 기존정보 하의 기대가치(기계 A): 9,000×0.4+1,000×0.6=4,200

　－ 기계 A의 기대이익이 기계 B의 기대이익보다 더 크므로, 기존정보 하에서는 기계 A를 구입한다.

(2) 완전정보 하의 기대가치: 9,000×0.4+K×0.6=0.6K+3,600

　－ 불황일 때는 기계 B의 이익이 더 크므로, 불황일 때 이익은 K이다.

(3) 완전정보의 기대가치: (2)−(1)=0.6K−600=600

　→ K=**2,000**

답 ②

1 품질원가의 종류

품질원가			
통제원가		실패원가	
예방원가	평가원가	내부실패원가	외부실패원가

품질원가는 크게 통제원가와 실패원가로 나뉜다. 통제원가는 예방원가와 평가원가로, 실패원가는 내부실패원가와 외부실패원가로 나뉜다. 문제에서 각 원가의 금액을 묻기 때문에 원가의 구분을 정확히 기억해야 한다.

한편, 각 원가의 사례는 종류가 너무 다양하므로 기억하기 어렵다. 각 원가의 의미를 기억하고 문제에 제시된 원가를 보고 판단하자.

1. 통제원가

예방원가	평가원가
공급업체의 선정을 위한 평가원가, 설계엔지니어링, 예방설비점검원가 등	원재료·재공품·제품 검사원가, 품질검사기기의 유지·보수원가 등

(1) 예방원가: 결함이 발생하는 것을 방지하기 위하여 발생하는 원가

(2) 평가원가: 검사 관련 원가

2. 실패원가

내부실패원가	외부실패원가
원재료 반품 및 재구입원가, 불량품재작업, 폐기물로 인한 원가 등	반품재작업, 보증수리원가, 고객불만처리원가, 클레임처리원가, 판매기회 상실에 따른 기회비용 등

(1) 내부실패원가: 제품이 고객에게 **인도되기 전**에 결함이 발견되어 발생하는 원가

(2) 외부실패원가: 제품이 고객에게 **인도된 후**에 결함이 발견되어 발생하는 원가

2 불량률에 대한 관점

허용품질 수준 관점 (전통적 관점)	무결점 수준 관점 (최근의 관점)
어느 정도의 불량률은 허용해야 한다.	불량률이 0이 되도록 해야 한다.
통제원가와 실패원가 사이에 음의 상관관계가 존재한다.	실패원가가 통제원가에 비해 훨씬 많으므로 실패원가를 감소시켜야 한다.

품질원가계산은 통제원가와 실패원가를 포함한 품질관련원가를 최소화시키면서 품질수준을 최대화시키는데 목적이 있다. 허용품질 수준 관점에서는 통제원가와 실패원가 사이에 음의 상관관계가 존재하므로 허용품질수준에서 생산해야 한다고 본다. 반면, 무결점 수준 관점에서는 실패원가가 통제원가에 비해 훨씬 많으므로 불량률이 0이 되도록 해야 한다고 본다.

예제

1. (주)국세는 김치냉장고를 생산하여 판매한다. (주)국세의 원가관리담당자는 20X1년에 생산한 김치냉장고 2,000대의 품질원가를 분석하여, 다음과 같은 품질원가보고서를 작성하였다.

구 분		품질원가
내부실패원가	반품재작업	₩40,000
	불량품재작업	20,000
예방원가	보증수리원가	100,000
	설계엔지니어링	20,000
평가원가	예방설비점검	20,000
	재공품검사	20,000
외부실패원가	제품검사	30,000
	클레임 제기로 인한 추정 손해배상액	200,000
계		₩450,000

그런데 원가관리담당자가 작성한 품질원가보고서를 검토하던 (주)국세의 경영자는 보고서에 품질원가 구분상 오류가 있음을 발견하였다. (주)국세의 경영자는 원가관리담당자에게 보고서의 오류를 수정하도록 지시하였다. 오류가 수정된 품질원가보고서에 근거한 다음 설명 중 옳지 않은 것은? 2011. CTA

① 내부실패원가는 ₩60,000이다.
② 예방원가는 ₩40,000이다.
③ 외부실패원가는 ₩340,000이다.
④ 평가원가는 ₩50,000이다.
⑤ 실패원가 대비 통제원가(예방 및 평가원가) 비율은 25%이다.

2. 품질원가에 관한 설명으로 옳지 않은 것은?

2012. CTA

① 일반적으로 원재료 검사비용은 예방원가로 분류한다.

② 일반적으로 보증기간 내 수리와 교환은 외부실패원가로 분류한다.

③ 품질원가는 제품의 품질에 문제가 발생한 경우 이를 해결하기 위하여 발생하는 원가를 포함한다.

④ 허용품질수준관점(acceptable quality level view)에서는 통제원가와 실패원가 사이에 부(-)의 관계가 있는 것으로 본다.

⑤ 무결점수준관점(zero defects view)에서는 불량률이 0(zero)이 될 때 품질원가가 최소가 되므로, 불량률이 0이 되도록 품질원가를 관리해야 한다고 본다.

해설

01.

통제원가: 90,000			
예방원가: ②40,000		평가원가: ④50,000	
설계엔지니어링	20,000	재공품검사	20,000
예방설비점검	20,000	제품검사	30,000
실패가: 360,000			
내부실패원가: ①20,000		외부실패원가: ③340,000	
불량품재작업	20,000	반품재작업	40,000
		보증수리원가	100,000
		추정 손해배상액	200,000

⑤ 실패원가 대비 통제원가 비율: 90,000/360,000=25%

답 ①

02.

① 일반적으로 원재료 검사비용은 **평가원가**로 분류한다.

답 ①

패턴

35 전략적 원가관리 말문제

▶▶ 김용재 패턴 회계학 원가관리회계편

1. 적시생산시스템

적시생산시스템(JIT, just-in-time)이란, 고객의 수요만큼 제품을 생산하고, 제품을 생산하기 위한 만큼만 원재료를 구입하는 생산계획을 말한다. 적시생산시스템은 다음 특징을 갖는다.

(1) 낮은 재고수준

적시생산시스템은 딱 필요한 만큼만 재고를 생산해야 하므로 재고관리를 중요하게 생각하며, 다른 생산시스템보다 재고 수준을 낮게 설정한다.

(2) 역류원가계산 사용

적시생산시스템은 구매, 제조, 판매가 빠르게 진행되고 재고자산을 거의 보유하지 않으므로 제조원가는 거의 대부분 매출원가가 된다. 따라서 **원재료 구입부터 제품 판매까지 대부분의 회계처리를 생략**할 수 있는데, 이를 역류원가계산이라고 한다.

(3) 제조 셀(manufacturing cell)

적시생산시스템하의 제조작업은 제조 셀을 중심으로 이루어진다. 제조 셀이란, 특정 제품만을 생산할 수 있도록 특정 제품의 제조에 필요한 모든 기계를 한 장소에 배치한 것을 말한다. 제조셀에서 특정 제품을 생산하는데 필요한 모든 작업이 이루어지므로 **생산시간이 감소하고, 제조원가가 감소**한다. 또한, 특정 제조 셀에서 특정 제품만을 생산하므로 **원가의 추적가능성 및 정확성이 증가**한다.

(4) 원가계산에 미치는 영향
① 원가흐름의 가정의 중요성 감소
선입선출법과 평균법의 차이가 발생하는 것은 기초 재고가 존재할 때이다. 하지만 적시생산시스템은 재고가 거의 없으므로 선입선출법과 평균법의 차이가 거의 없다.

② 완성품환산량 계산 불필요
적시생산시스템 구매, 제조, 판매가 빠르게 진행되므로 재공품이 거의 없다. 따라서 완성품환산량이 생산량과 거의 일치한다.

(5) 적시생산시스템의 장점

① 재고관리비용 감소

② 활동이 감소하므로 간접원가 감소

③ 비부가가치활동 제거를 통한 원가절감 및 고객의 요구에 신속한 대응 가능

2. 활동기준경영

활동기준경영(ABM: activity-based management)이란 활동분석과 원가동인분석을 통하여 파악된 정보를 토대로 활동과 프로세스를 개선하여 기업전체의 성과를 개선하려는 경영관리시스템을 말한다. 활동기준경영에는 다음 두 가지 관점이 있다.

(1) 원가 관점(ABC) vs 프로세스 관점

	원가 관점(ABC)	프로세스 관점
목적	정확한 원가계산	프로세스 개선을 통한 원가절감

(2) 부가가치활동과 비부가가치활동

	부가가치활동	비부가가치활동
활동	고객가치를 증가시키는 활동	고객가치를 증가시키지 못하는 활동
사례	절삭, 조립	생산계획, 검사, 이동, 대기, 저장, 재작업 등
원가	부가가치활동이 완전히 효율적으로 수행될 경우 발생될 원가	부가가치활동이 비효율적으로 수행되어 추가로 발생된 원가 +비부가가치활동에서 발생된 원가

3. 제품수명주기원가

(제품)수명주기원가(product life-cycle cost)란 **제품의 기획 및 개발 · 설계에서 고객서비스와 제품폐기까지의 모든 단계에서 발생하는 원가**를 말한다.

(1) 원가절감을 위해서는 제조이전단계에 집중

제품의 설계가 종료되면 수명주기원가의 85~90% 정도가 결정된다고 한다. 실제로 발생하지는 않았지만, 이처럼 이미 확정된 원가를 구속원가 또는 고착원가라고 부른다. 전통적 원가계산에서는 제조단계에서 많은 원가가 발생하므로 제조단계에서의 원가절감에 중점을 두었으나, 제품수명주기원가는 **제조이전단계**에서 대부분의 제품원가가 결정된다는 인식을 토대로 **개발단계와 설계단계에서 원가절감을 강조**한다.

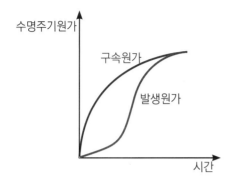

(2) 제품수명주기원가계산이 유용한 상황

① 비제조원가의 규모가 큰 경우

② 개발기간이 장기이고, 거액의 원가가 발생되는 경우

③ 연구단계와 설계단계에서 많은 원가가 확정되는 경우

④ 수명주기가 짧은(not 긴) 경우

수명주기가 길면 설계 이후에도 재설계를 하는 등의 방법으로 이익을 달성할 수 있다. 반면, 수명주기가 짧으면 재설계를 할 수 있는 여유가 없으므로 수명주기에 따른 적절한 계획을 수립해야 한다.

4. 목표원가계산

(1) 목표원가=목표가격-목표이익

목표원가란, 기업이 목표이익을 확보하기 위해서 달성해야 하는 원가를 말한다. 치열한 경쟁상황에서는 기업이 시장에서 결정된 가격을 받아들여야 하므로 시장에서 결정된 시장가격이 목표가격이 된다. 이렇게 확인된 목표가격에서 기업이 필요로 하는 목표이익을 차감하여 목표원가를 결정한다.

(2) 제품개발 및 설계단계에 중점

목표원가계산(target costing)은 **제품개발 및 설계단계**(not 생산단계)부터 원가절감을 위한 노력을 기울여 목표원가를 달성하고자 한다.

(3) 목표원가계산의 한계

① 원가를 절감하기 위한 개발 기간이 늘어나 고객의 요구에 신속하게 대응하지 못할 가능성

② 원가절감 목표의 할당 과정에서 부문 간의 갈등

③ 부품공급업체에 과도한 가격인하를 요구하여 부품공급업체에 경영악화 초래

5. 카이젠원가계산

카이젠원가계산(kaizen costing)은 제조단계에서 소규모의 지속적인 개선을 통하여 조금씩 원가 절감을 추구하는 것이다.

(1) 카이젠원가 vs 제품수명주기원가, 목표원가 ★중요!

카이젠원가	제품수명주기원가, 목표원가
제조단계의 원가절감에 초점	제조이전단계의 원가절감에 초점
소규모의 지속적인 원가절감	대규모의 원가절감

(2) 원가절감의 책임자: 작업자

카이젠원가계산에서는 프로세스를 개선시키는데 가장 크게 공헌할 수 있는 조직구성원은 작업자 (not 경영자와 공학자)라고 가정한다. 카이젠원가계산은 제조단계에서의 원가절감에 초점을 맞추기 때문이다.

6. 제약이론

제약이론(theory of constraints)은 기업의 목표를 달성하는 과정에서 **병목공정**을 파악하여 이를 집중적으로 관리하고 개선해서 기업의 성과를 높이는 방법이다.

(1) 제약이론의 목표: 돈을 버는 것

(2) 현금의 측정: 재료처리량 공헌이익 이용 (=초변동원가계산 사용)

(3) 병목공정: 자원의 부족으로 인해 생산능력이 제한된 공정

병목공정이 있는 경우 생산량을 증가시키기 위해서는 병목공정에 자원을 투입하여 병목공정의 처리능력 제약을 해결하는 것에 집중해야 한다. 이때 병목공정의 처리능력을 확장시키기 위해서는, 재료처리량 공헌이익이 병목공정 처리능력 확장에 소요되는 원가보다 커야 한다.

7. 균형성과표(BSC, Balanced Score Card)

균형성과표란, 전통적으로 중시하던 재무적 관점 외에 세 가지 비재무적 관점을 추가하여 균형 잡힌 성과평가를 하는 방법이다.

(1) 균형성과표의 네 가지 관점

관점			핵심성과지표 사례
↑ 선행	내부 관점	① 학습과 성장 관점	종업원만족도, 종업원 이직률, 종업원 1인당 사내훈련시간 등
		② 내부프로세스 관점	불량률, 작업폐물, 재작업율, 수율, 납기, 생산처리시간 등
후행 ↓	외부 관점	③ 고객 관점	고객만족도, 고객유지율, 반복구매정도, 신규고객수, 시장점유율, 고객수익성 등
		④ 재무적 관점	매출액, 매출총이익률, 제조원가, ROI, RI 등

위 표는 네 가지 관점을 ①~④까지 순서대로 선행지표에서 후행지표로 나열한 것이다. 예를 들어, 학습과 성장 관점은 내부프로세스 관점에 대해 선행지표이며, 재무적 관점은 비재무적 관점의 후행지표가 된다.

(2) 핵심성과지표(KPI, Key Performance Indicator)

균형성과표는 조직의 비전과 전략을 핵심성과지표로 구체화함으로써 조직의 전략수행을 지원한다. 핵심성과지표란, 전략목표의 달성여부를 측정할 수 있는 성과지표를 말하며, 성과평가지표 또는 성과측정치라고도 한다.

> **주의** ❗ 핵심성과지표 설정 시 주의사항
>
> ① 핵심성과지표는 조직의 비전과 전략에 연계되어 선정되어야 한다.
> ② 핵심성과지표를 너무 많이 설정하면 경영자의 관심과 노력이 분산될 수 있으므로 핵심적인 핵심성과지표만을 포함시켜야 한다.

(3) 관점 간의 균형

균형성과표는 다음의 항목들이 균형을 이룰 수 있도록 설계되어야 한다.

> ① 선행 측정치-후행 측정치 간의 균형
> ② 재무적 관점-비재무적 관점 간의 균형
> ③ 내부 측정치-외부 측정치 간의 균형
> ④ 단기적 성과-장기적 성과 간의 균형

(4) 전략체계도(strategy map)

전략체계도, 또는 전략지도란 균형성과표의 다양한 성과지표간의 인과관계를 통하여 조직의 전략목표 달성과정을 제시하는 성과지표의 체계를 말한다. 전략체계도는 균형성과표의 각 관점이나 핵심성과지표가 어떻게 상호 연관되어 전략목표로 연결되는지를 나타낸다.

(5) 영리조직과 비영리조직에 활용

① 영리조직: 영리조직의 균형성과표는 궁극적으로 **재무적 성과**를 가져오도록 비재무적 측정치가 설정되어야 한다.
② 비영리조직: 균형성과표는 대학교나 정부기관과 같은 **비영리조직에도 적용할 수 있다.**

예제

1. 전략적 원가관리에 관한 설명으로 옳지 않은 것은?　　　　　　　　　2014. CTA

① 목표원가계산(target costing)은 제품개발 및 설계단계부터 원가절감을 위한 노력을 기울여 목표원가를 달성하고자 한다.
② 카이젠원가계산(kaizen costing)은 제조이전단계에서의 원가절감에 초점을 맞추고 있다.
③ 품질원가계산(quality costing)은 예방원가, 평가원가, 실패원가 간의 상충관계에 주목한다.
④ 제품수명주기원가(product life-cycle cost)는 제품의 기획 및 개발·설계에서 고객서비스와 제품폐기까지의 모든 단계에서 발생하는 원가를 의미한다.
⑤ 제약이론(theory of constraints)은 기업의 목표를 달성하는 과정에서 병목공정을 파악하여 이를 집중적으로 관리하고 개선해서 기업의 성과를 높이는 방법이다.

2. 균형성과표에 관한 다음의 설명 중 **옳지 않은** 것은?

2014. CPA

① 균형성과표에서 전략에 근거하여 도출한 비재무적 성과측정치는 재무적 성과측정치의 후행지표가 된다.

② 균형성과표의 다양한 성과지표간의 인과관계를 통하여 조직의 전략목표 달성과정을 제시하는 성과지표의 체계를 전략지도(strategy map)라고 한다.

③ 균형성과표의 고객 관점은 고객만족에 대한 성과를 측정하는데 고객만족도, 고객유지율, 반복구매정도, 시장점유율 등의 지표가 사용된다.

④ 균형성과표의 내부프로세스 관점은 기업내부의 업무가 효율적으로 수행되는 정도를 의미하는데 불량률, 작업폐물, 재작업율, 수율, 납기, 생산처리시간 등의 지표가 사용된다.

⑤ 균형성과표의 학습과 성장 관점은 기존의 프로세스와 제품에 만족하지 않고 기술 및 제품의 혁신적인 발전을 추구하는 정도를 의미하는데 종업원만족도, 종업원 이직률, 종업원 1인당 사내훈련시간 등의 지표가 이용된다.

해설

01.

카이젠원가계산은 제조단계에서의 지속적인 원가절감에 초점을 맞추고 있다.

답 ②

02.

균형성과표에서 비재무적 성과측정치는 재무적 성과측정치의 **선행지표**가 된다.

답 ①

Memo

Memo

Memo